François Truffaut

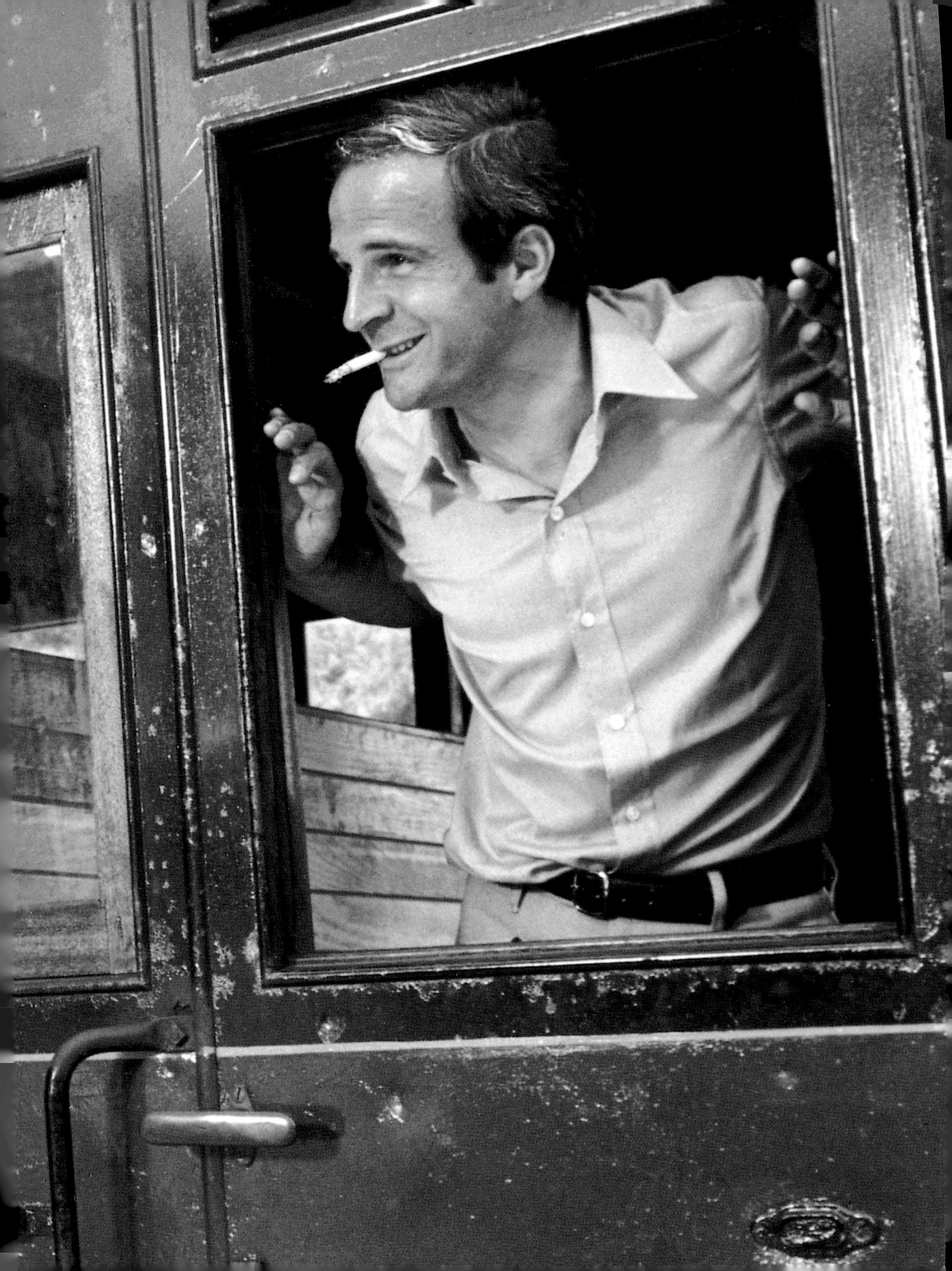

Cyril Neyrat

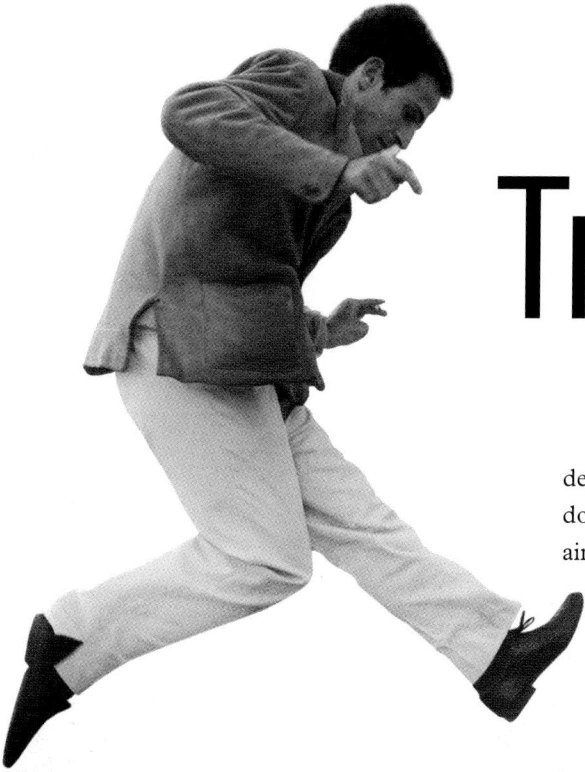

François Truffaut

« La question primordiale pour moi est de savoir comment on passe son temps. On doit se donner un emploi du temps qu'on aime, ce pourquoi j'ai choisi le cinéma. »
François Truffaut

CAHIERS DU CINEMA

Le Monde

En couverture :

Jean-Pierre Léaud dans *Baisers volés.*

Cahiers du cinéma éditions
Présidente : Anne Chaussebourg
Directeur délégué : François Maillot
Direction de la collection : Claudine Paquot,
avec la collaboration de Franck Henry
Graphisme couverture : TM Limited (AGI TM France sas)
Graphisme intérieur : Paul-Raymond Cohen et Clémentine Hède
Secrétariat d'édition : Alexia Renard, avec la collaboration de Virginie Bouilhac
Correction : Thérèse Rabiller
Fabrication : Claude Morin, avec la collaboration de Carolina Lucibello

9, passage de la Boule-Blanche – 75012 Paris
www.cahiersducinema.com

ISBN : 978-2-86642-493-0

Édition particulière pour *Le Monde*

Sommaire

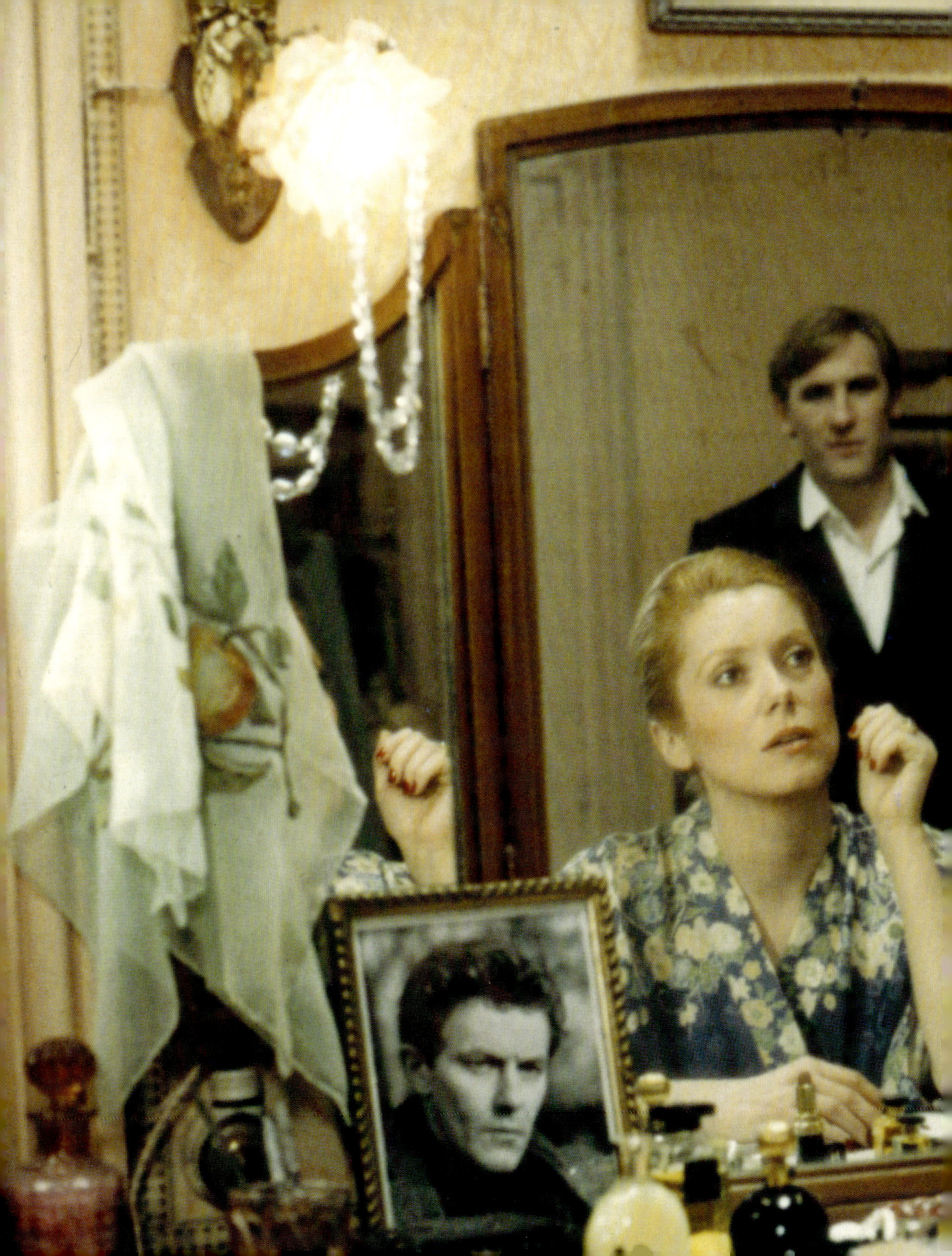

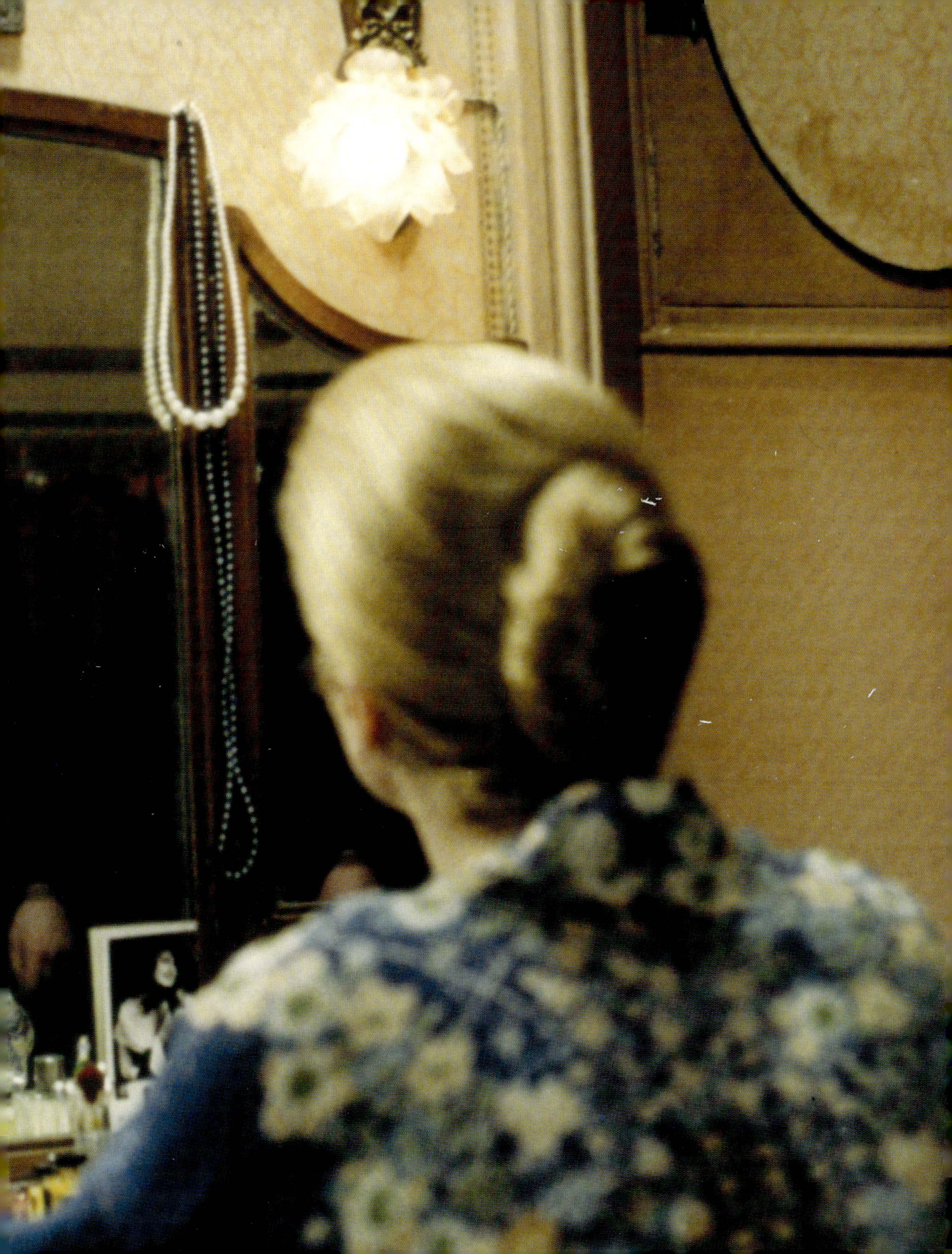

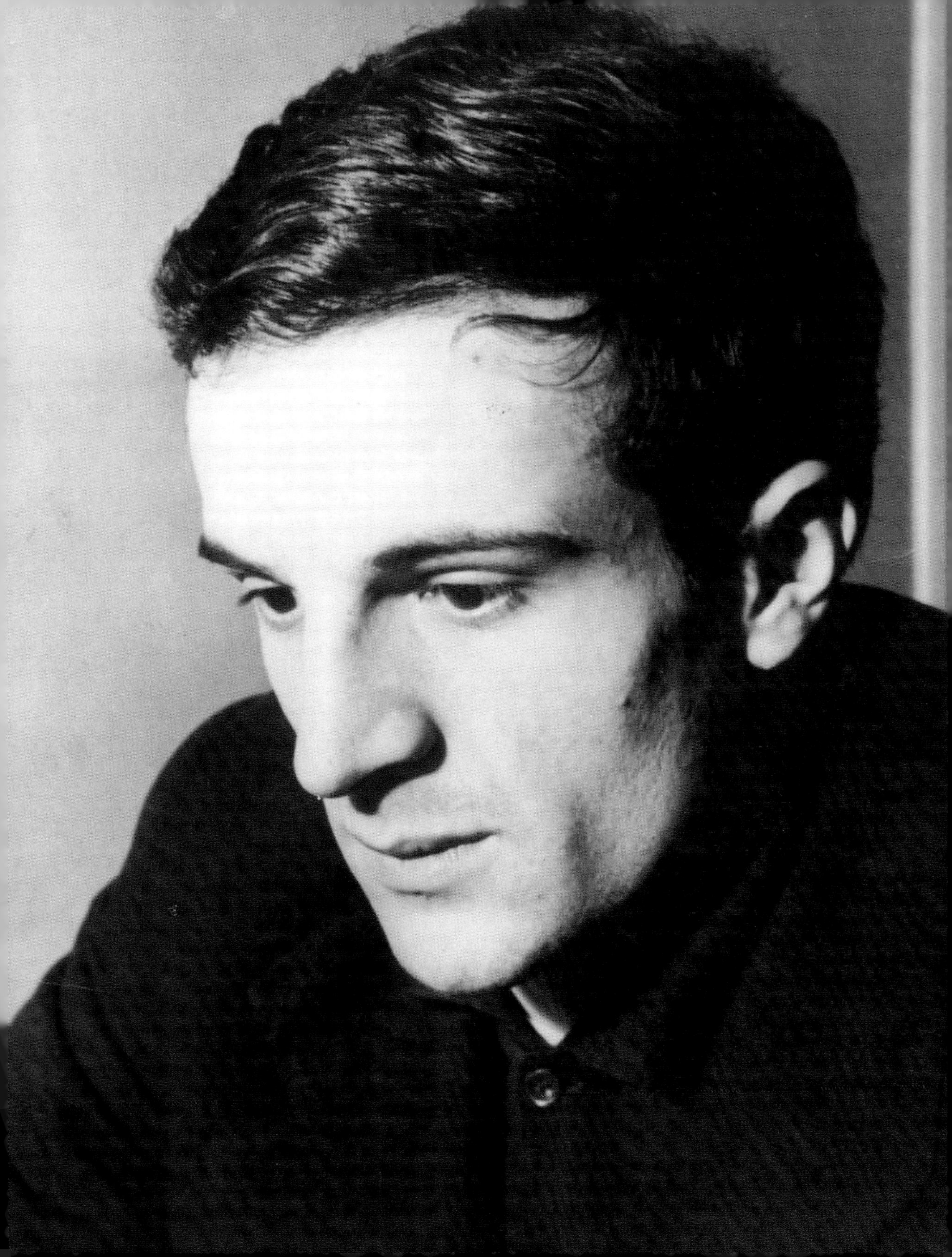

Génie d'un critique, naissance d'un cinéaste

De la politique des auteurs aux *Mistons*

Solitude et évasion

François Truffaut est né le 6 février 1932 à Paris de père inconnu. Avant d'épouser sa mère Janine, Roland Truffaut reconnaît le garçon, mais le couple le laisse en nourrice. Élevé par sa grand-mère, il vit une première enfance heureuse dans le neuvième arrondissement, quartier d'artistes, d'artisans et de prostituées, terrain de jeux et d'apprentissage du futur cinéaste. Elle l'initie à la littérature, qui restera sa grande passion, à l'égal du cinéma. À sa mort, en 1942, François est pris en charge par une mère qui le traite comme un fardeau et un père qui l'aime et l'élève comme il peut ; le couple l'abandonne souvent le week-end pour s'adonner à sa passion, l'alpinisme. Son adolescence est celle de l'Antoine Doinel des *Quatre Cents Coups* : livré à lui-même dans le monde gris et hostile de l'Occupation et de la Libération, le bon élève devient un enfant agité, sournois, voleur et menteur. Renvoyé de sa dernière école à quatorze ans, il choisit et assume un destin d'autodidacte.

La lecture et le cinéma sont ses deux refuges. Collectionneur acharné, il lit les quatre cent cinquante Classiques Fayard, de A comme Aristophane à Z comme Zola. Ses favoris, Balzac et Proust, Cocteau et Léautaud, formeront les deux piliers de son œuvre : le romanesque et l'intime. Mais « la vraie vie, c'était l'écran[1] ». Les films américains étant interdits pendant l'Occupation, le cinéma français forge les rudiments de son goût. Ses films préférés sont *Le Corbeau* de Henri-Georges Clouzot (1943), qu'il voit treize fois et dont il connaît par cœur les dialogues, *Les Enfants du paradis* de Marcel Carné (1945), *Douce* de Claude Autant-Lara (1943)

1. Toutes les citations dont l'auteur n'est pas nommé sont de François Truffaut.

Pages précédentes :

Catherine Deneuve et Gérard Depardieu dans *Le Dernier Métro.*

Page de gauche :

François Truffaut au milieu des années cinquante.

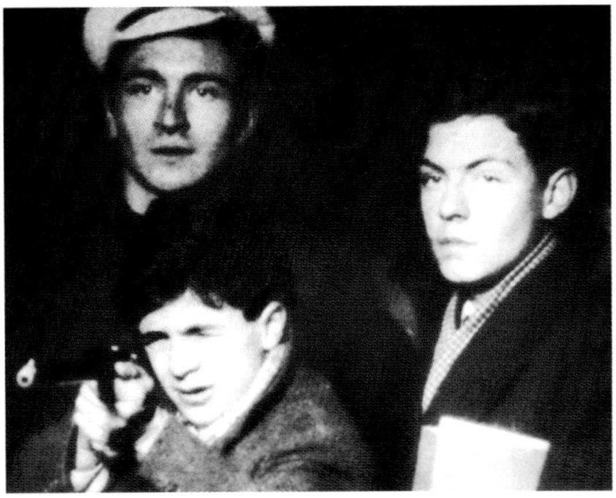

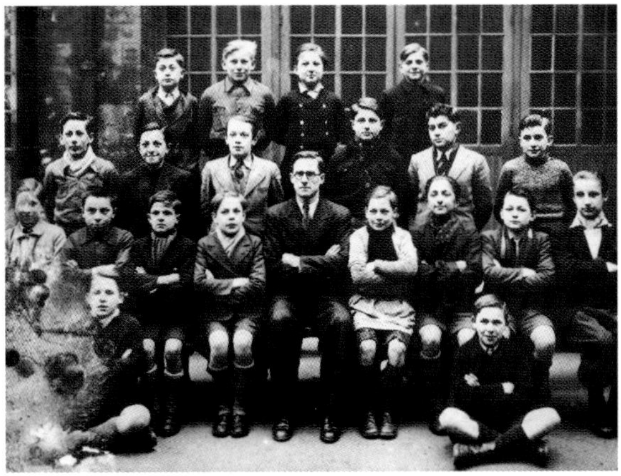

De gauche à droite :

François Truffaut à la fête foraine en 1946.

Photo de classe : on reconnaît Truffaut au premier rang (troisième en partant de la gauche).

et *Les Anges du péché* de Robert Bresson (1943). Ses deux cents premiers films, Truffaut les voit en faisant l'école buissonnière. La clandestinité façonne son regard : la cinéphilie sera vécue comme résistance au goût dominant, plaisir coupable à partager entre initiés, à propager par une culture du réseau et de la contrebande.

Le jeune homme se forge dans Paris occupé puis libéré un caractère et une morale qui détermineront fortement sa vie et son œuvre. Morale qu'il énonce en des mots qui trahissent les souffrances de l'adolescence : « Je vois la vie comme très dure, je crois qu'il faut avoir une morale très simple, très fruste. Il faut dire : "Oui, oui", et ne faire que ce que l'on a envie de faire. » Culte de l'indépendance et refus de la violence, tempérament révolté, écorché, et besoin de normalité, de reconnaissance : Truffaut est et restera un homme et un adepte du paradoxe, des contradictions et du contre-pied.

Cinéphile, cinémane

Entre quinze et dix-huit ans, Truffaut passe sa vie dans les salles de cinéma. Trois films confirment sa vocation. *La Règle du jeu*, conspué à sa sortie en 1939, à nouveau attaqué en 1945, installe Jean Renoir au sommet de son panthéon. Le jeune cinéphile est bouleversé tant par l'homme, qui a su maintenir sa liberté artistique, que par la nouveauté des personnages de antihéros. Autre film français méprisé, à contre-courant de la production dominante, *Les Dames du bois de Boulogne* de Bresson. Truffaut est saisi par la retenue dans l'expression des passions, la sobriété du style. Enfin, après des années d'interdiction, le cinéma américain déferle à nouveau sur les écrans français en 1945. C'est le choc *Citizen Kane* (Orson Welles, 1941), dont Truffaut résume l'importance en une formule frappante : « Soudain, à l'âge de treize ans, je me suis rendu compte qu'un film pouvait être écrit comme un livre. » Au même moment, dans d'autres salles obscures, plusieurs jeunes cinéphiles ayant pour nom Alain Resnais, Jacques Rivette, Jean-Luc Godard, partagent sans se connaître la même émotion. *La Règle du jeu* et *Citizen Kane* sont les deux films fondateurs du futur renouveau du cinéma français.

Le phénomène décisif, pour Truffaut et les autres, reste la découverte du cinéma américain : Humphrey Bogart, Cary Grant... corps nouveaux, vitalité naturelle, souplesse et élégance du style et du récit[2]. L'amour d'Hollywood éloigne le jeune homme du cinéma français, dont il commence à ne retenir que les marginaux, ceux qui mériteront le titre d'« auteur » : Sacha Guitry, Bresson, Renoir...

En 1948, il fonde avec son ami Robert Lachenay son propre ciné-club, l'éphémère Cercle cinémane. L'aventure, financée à coups d'emprunts et de ruses, a deux conséquences. L'une heureuse : parce que le Cercle cinémane souffre de la concurrence du prestigieux ciné-club de Travail et Culture, animé par André Bazin, Truffaut ose frapper à la porte du prestigieux critique pour tenter de le convaincre de changer l'horaire de ses séances. L'amitié est immédiate, et le bureau de Bazin devient une sorte d'école de cinéma où Truffaut rencontre Alain Resnais, Chris Marker, Alexandre Astruc. L'aventure Cinémane a un autre effet, plus douloureux. Exaspéré par les entourloupes de son fils, Roland Truffaut rembourse ses dettes mais le fait placer dans un centre spécialisé pour mineurs délinquants. C'est André Bazin qui l'en sort après quatre mois, lui trouvant un emploi au sein de l'association Travail et Culture.

Grâce à lui, il fréquente le ciné-club Objectif 49, où il croise pour la première fois Jean Cocteau. Ses animateurs créent en 1949 le Festival du film maudit de Biarritz, destiné à défendre le nouveau cinéma contre l'académisme cannois. Truffaut y accompagne Bazin en tant que « secrétaire personnel ». Dans le dortoir du lycée de Biarritz se forme une « société secrète » promise à la gloire : François Truffaut,

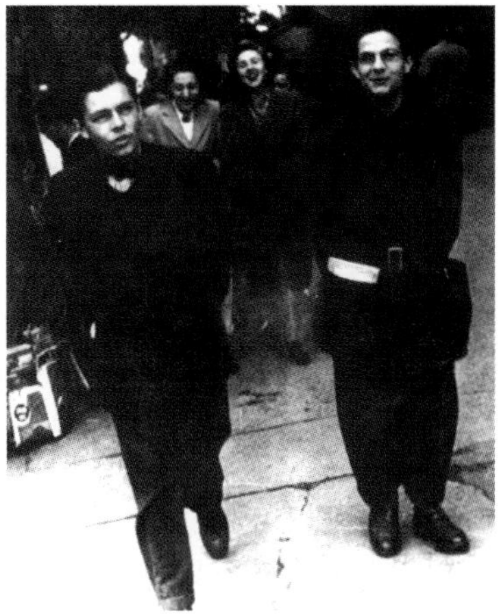

François Truffaut et Robert Lachenay en 1948 sur le boulevard Saint-Michel...

2. « C'est vraiment au bout de deux ou trois mois de cinéma américain, que pour la première fois en sortant d'un film, j'ai noté le nom du metteur en scène ; je me suis mis à établir des fiches, à identifier un film au metteur en scène, et puis à avoir des idées, je me disais : "Un film d'Untel, j'irai." » (*Cahiers du cinéma*, février 1955.) Auteur, mise en scène : préhistoire d'une « politique » qui, dix ans plus tard, imposera le nom de Truffaut.

...Ensemble, ils fondent un ciné-club : le Cercle cinémane.

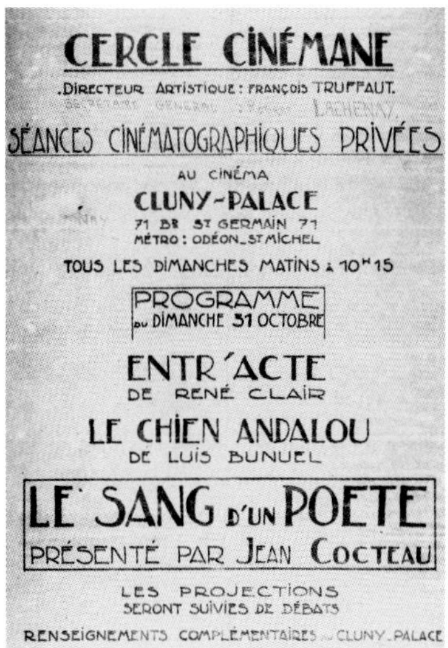

Jacques Rivette, Claude Chabrol, Éric Rohmer, Jean Douchet fourbissent leurs armes de futurs critiques. Le meilleur ami, c'est Rivette : une tendresse et une solidarité indéfectibles uniront les deux hommes.

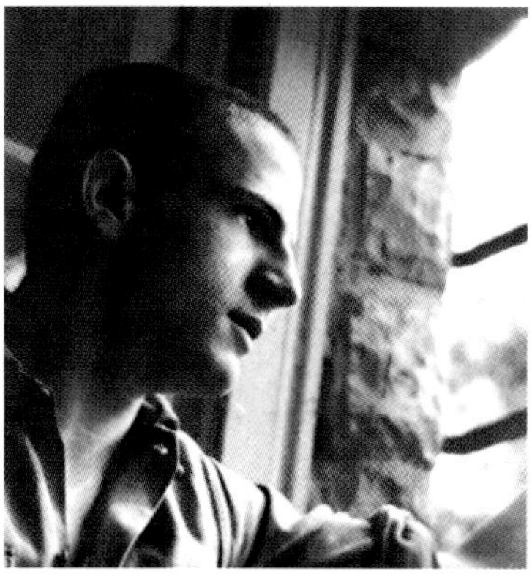
François Truffaut à l'armée en 1950.

En 1950, Truffaut est un chien fou. Son aspect physique frappe ses contemporains : de petite taille, sec, vif, un regard noir, perçant, des gestes brusques, une agitation exaltée, de chaque instant. Et de l'audace : par sa fougue et son talent de polémiste, Truffaut fait son trou dans le Paris cinéphile et mondain. Mais en octobre, lassé par un jeu qui lui semble vain, atteint par un échec sentimental, il devance l'appel du service militaire et s'engage pour trois ans dans l'artillerie. Suivent deux années malheureuses, faites de désertions, de séjours dans les hôpitaux et prisons militaires en Allemagne, deux années éclairées par une nouvelle amitié marquante : celle de Jean Genet, à qui Truffaut écrit après la lecture enthousiaste du *Journal du voleur*. Il le rencontre un jour de permission, et cultivera un lien, surtout épistolaire mais intense, qui prendra fin brusquement quelques années plus tard sur un malentendu. En août 1951, Truffaut écrit à Robert Lachenay : « Bazin et Genet ont fait pour moi en trois semaines ce que mes parents n'ont jamais fait en quinze ans. »

Un brillant polémiste

En 1952, c'est à nouveau Bazin qui sauve Truffaut de l'armée en obtenant sa réforme et en l'accueillant chez lui à Bry-sur-Marne. Chez André et Janine Bazin, le jeune homme découvre enfin l'atmosphère familiale qu'il n'a jamais connue. Pendant deux années d'état de grâce, il devient sous la houlette de son père d'adoption un critique réputé et redouté. Son objectif est clair : écrire aux *Cahiers du cinéma*, la revue fondée en avril 1951 par Bazin et Lo Duca. Emprisonné en Allemagne, loin du cinéma et des livres, il a fait le point sur son expérience cinéphilique : le cinéma américain, les auteurs admirés, mais aussi tous les films français vus pendant l'Occupation et après, qui constituent « la tradition de la qualité ». Il remet en décembre 1952 à Bazin le fruit de sa réflexion, un long texte intitulé « Le temps du mépris, notes sur une certaine tendance du cinéma français ». C'est un violent réquisitoire contre la « tradition de la qualité »

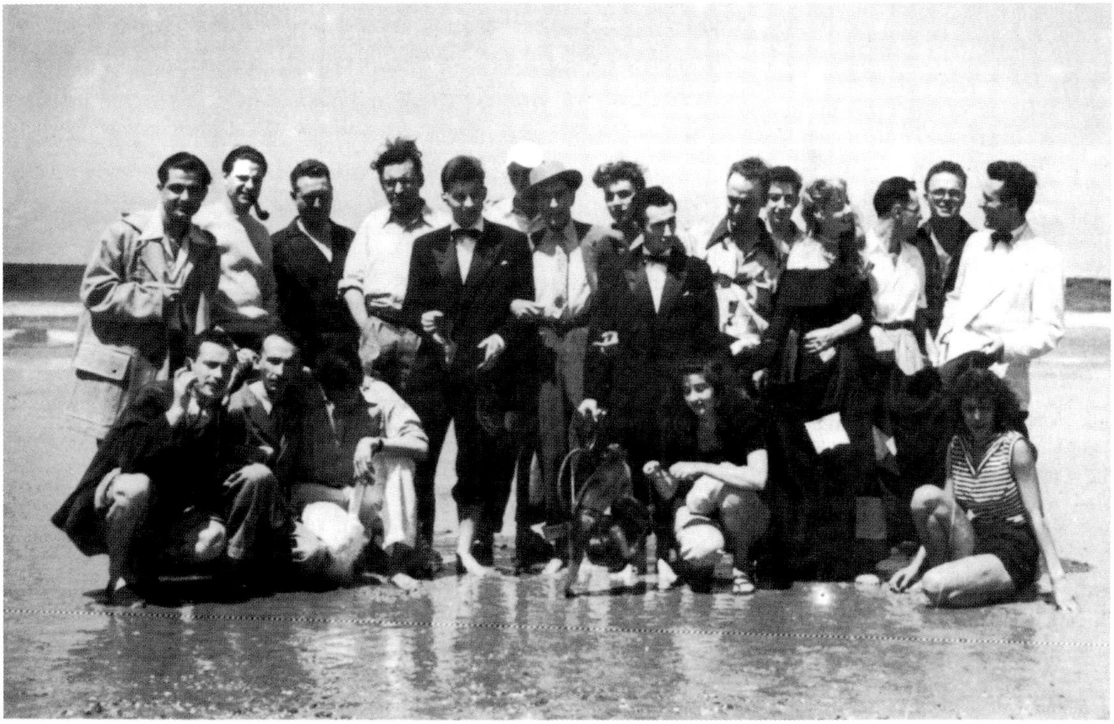

dans lequel Truffaut attaque de front les scénaristes vedettes du moment, Jean Aurenche et Pierre Bost, mais aussi Charles Spaak, Henri Jeanson. Il reproche aux scénaristes et aux cinéastes leur mépris et leur sentiment de supériorité à l'égard des personnages. Bazin hésite, fait retravailler le texte, mais publie à partir de 1953 dans les *Cahiers du cinéma* les premières notules de Truffaut. Le jeune critique fait l'éloge de séries B américaines et lance un de ses thèmes favoris : l'incitation à aller tourner dans la rue pour saisir la vie et filmer l'action avec modestie et rapidité. Il est le premier à attirer l'attention sur les noms de Nicholas Ray, Samuel Fuller, Edgar Ulmer…

Pendant le Festival du film maudit à Biarritz en 1949.

En janvier 1954, la parution d'« Une certaine tendance… » fait l'effet d'une bombe dans le milieu du cinéma français. Outrés par la violence de l'offensive, scénaristes, critiques et cinéastes contre-attaquent. Au sein des *Cahiers du cinéma*, Pierre Kast dénonce le ton imprécateur de l'article et ses jugements moraux. Mais Truffaut est défendu, notamment par Claude Mauriac. Fort de son coup d'éclat, il s'investit pleinement aux *Cahiers*. Profitant de la brèche ouverte, les jeunes-turcs rejoignent la revue dans le sillage d'Éric Rohmer :

François Truffaut avec Marcel Ophuls.

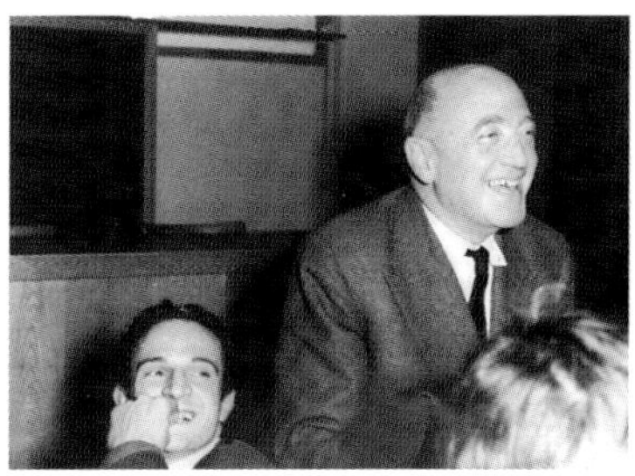

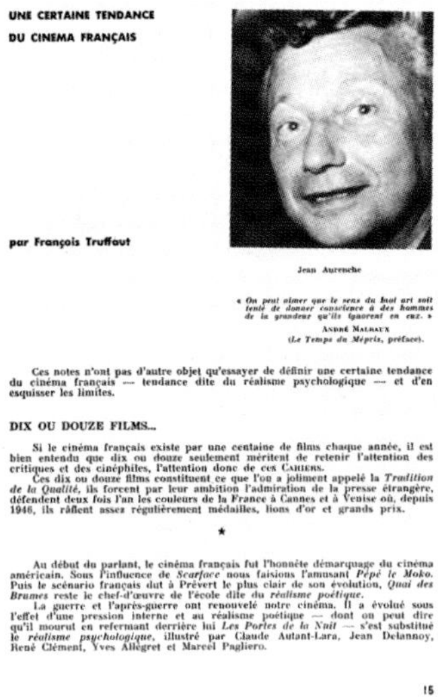

UNE CERTAINE TENDANCE
DU CINEMA FRANÇAIS

par François Truffaut

Jean Aurenche

« *On peut aimer que le sens du haut art soit tenté de donner conscience à des hommes de la grandeur qu'ils ignorent en eux.* »

ANDRÉ MALRAUX
(*Le Temps du Mépris*, préface).

Ces notes n'ont pas d'autre objet qu'essayer de définir une certaine tendance du cinéma français — tendance dite du réalisme psychologique — et d'en esquisser les limites.

DIX OU DOUZE FILMS...

Si le cinéma français existe par une centaine de films chaque année, il est bien entendu que dix ou douze seulement méritent de retenir l'attention des critiques et des cinéphiles, l'attention donc de ces CAHIERS.

Ces dix ou douze films constituent ce que l'on a joliment appelé la *Tradition de la Qualité*, ils forcent par leur ambition l'admiration de la presse étrangère, défendent deux fois l'an les couleurs de la France à Cannes et à Venise où, depuis 1946, ils râflent assez régulièrement médailles, lions d'or et grands prix.

★

Au début du parlant, le cinéma français fut l'honnête démarquage du cinéma américain. Sous l'influence de *Scarface* nous faisions l'amusant *Pépé le Moko*. Puis le scénario français dut à Prévert le plus clair de son évolution, *Quai des Brumes* reste le chef-d'œuvre de l'école dite du *réalisme poétique*.

La guerre et l'après-guerre ont renouvelé notre cinéma. Il a évolué sous l'effet d'une pression interne et au réalisme poétique — dont on peut dire qu'il mourut en refermant derrière lui *Les Portes de la Nuit* — s'est substitué le *réalisme psychologique*, illustré par Claude Autant-Lara, Jean Delannoy, René Clément, Yves Allégret et Marcel Pagliero.

15

En janvier 1954, les *Cahiers du cinéma* publient dans leur numéro 31 l'article polémique de François Truffaut : « Une certaine tendance du cinéma français ».

Jacques Rivette, Jean-Luc Godard, Claude Chabrol, Charles Bitsch. Chacun a son style, celui de Truffaut est de loin le plus enflammé, le plus violent. Véritable stratège et chef de bande, c'est lui qui porte le fer, lance et entretient les polémiques qui nourrissent la guerre entre tenants de la tradition française et zélateurs du cinéma américain.

La vraie mesure de son talent de polémiste, Truffaut ne la donne pas dans les *Cahiers du cinéma* mais dans *Arts*, l'hebdomadaire de la droite intellectuelle dirigé par le hussard Jacques Laurent. Il y publie cinq cent vingt-huit articles en cinq ans, alternant éloges enflammés et démolitions *ad hominem*. Truffaut pratique la critique comme un journal intime, y dévoile une sensibilité, des idées simples et fixes qui, assagies, gouverneront sa vie et son œuvre.

Dans le contexte des années cinquante, marquées par la décolonisation et l'agonie de la quatrième République, ce conflit recoupe des clivages politiques marqués. Truffaut assume d'être considéré comme un « hussard », assimilé à la droite littéraire. Dans les *Cahiers* comme dans *Arts*, il attaque la culture de gauche dominante, croise le fer avec les défenseurs du « film à thèse », fait l'éloge de la forme, de la mise en scène, contre le scénario et le contenu. Il va jusqu'à témoigner sa sympathie et son admiration à Lucien Rebatet, brillant critique des années trente devenu chantre antisémite de l'épuration des milieux culturels sous l'Occupation, tout juste sorti de prison et tout heureux de trouver en Truffaut l'instrument d'une réhabilitation. Ses ennemis l'assimilent à l'extrême droite, les critiques de *Positif*, la revue adversaire des *Cahiers*, interpellent le « fasciste », dénoncent sa rhétorique de flic ou de prêtre.

Les prises de positions droitières de Truffaut n'en font pas pour autant un homme de droite. Le critique a hérité de son adolescence sous l'Occupation un mépris amusé de la vie politique, un profond pessimisme qui le tient à l'écart de tout engagement. Lorsqu'on lui demande, en 1968, pourquoi il ne fait pas de film engagé, sa réponse est lapidaire : « Je suis le désengagement personnifié, parce que j'ai l'esprit de contradiction poussé très fort. » Sa relation spectaculaire avec Rebatet s'explique ainsi : une attirance pour les proscrits, les réprouvés, les minoritaires, une compulsion à provoquer les pouvoirs en place, les pensées dominantes.

Le cinéma réinventé : la politique des auteurs

Si Godard, Rohmer et Rivette ont contribué à imposer la politique des auteurs, Truffaut en fut l'inventeur. Elle s'esquisse dans un article au titre explicite : « Aimer Fritz Lang » (*Cahiers du cinéma*, n° 31, janvier 1954). Truffaut y démontre que, par-delà la différence des genres et malgré les contraintes de production hollywoodiennes, se dégagent de la succession des films de Lang une « vision du monde » et l'évidence que « Fritz Lang pourrait être un véritable auteur de films ». L'expression « politique des auteurs » apparaît pour la première fois dans *Arts*, le 1er septembre 1954. Truffaut y fait l'éloge d'un cinéaste oublié et méprisé, l'auteur de *Paradis perdu* (1939), son premier émoi de cinéphile : Abel Gance. Il donne la définition la plus éloquente de cette « politique » dans une critique d'*Ali Baba et les quarante voleurs*, de Jacques Becker (1954). L'essentiel tient à la métaphore culinaire. Qu'un film soit une mayonnaise[3] traduit le cliché du cinéma comme art collectif, procédant de l'addition d'ingrédients et de talents divers, scénariste, décorateur, acteurs, le metteur en scène n'étant qu'un rouage parmi d'autres. Truffaut affirme au contraire que le

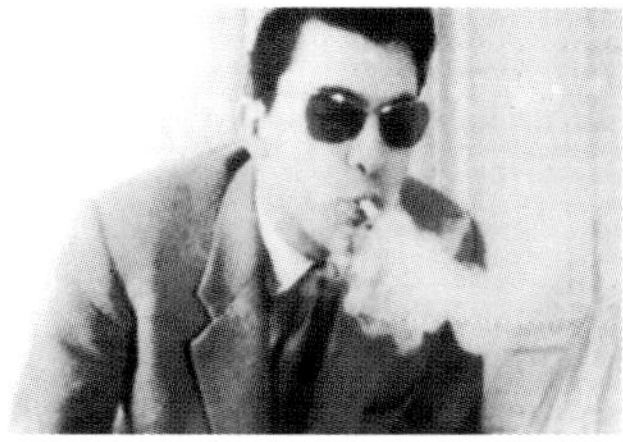

Jean-José Richer dans *Une visite*, le premier court métrage de François Truffaut.

3. « *Ali Baba* eût-il été raté que je l'eusse quand même défendu, en vertu de la Politique des Auteurs que mes congénères en critique et moi-même pratiquons. Toute basée sur la belle formule de Giraudoux : "Il n'y a pas d'œuvres, il n'y a que des auteurs", elle consiste à nier l'axiome, cher à nos aînés, selon quoi il en va des films comme des mayonnaises, cela se rate ou se réussit » (*Cahiers du cinéma*, février 1955).

François Truffaut et Jacques Doniol-Valcroze vers 1958, dans le bureau des *Cahiers du cinéma*.

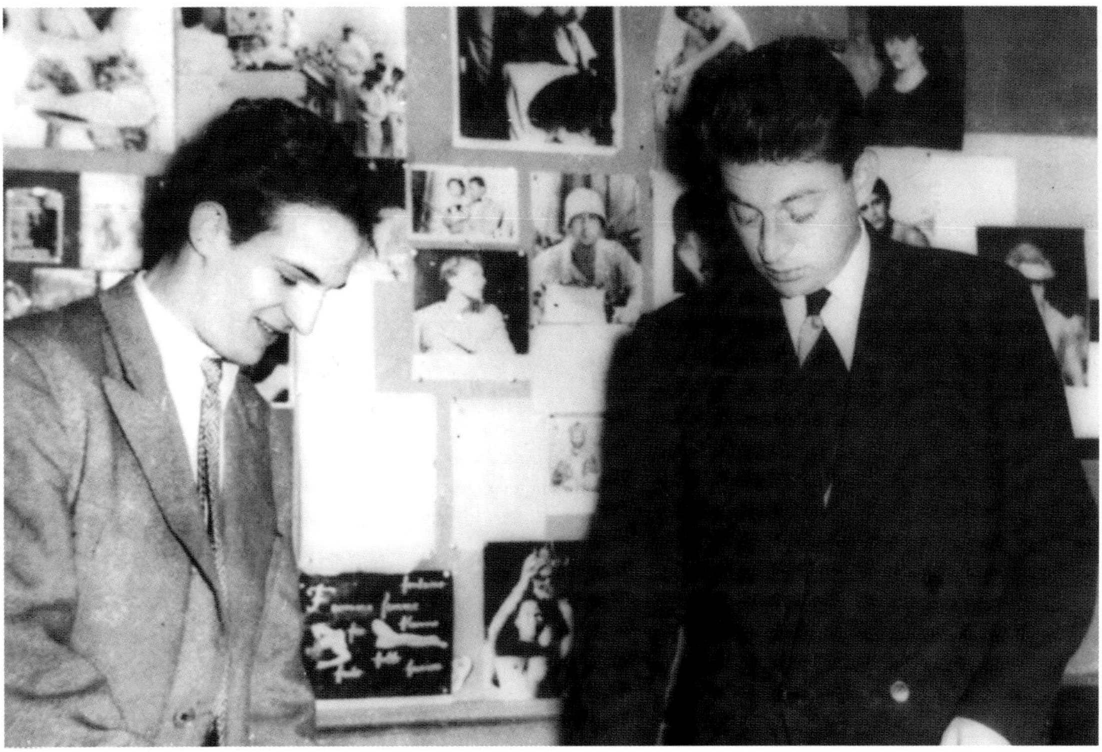

cinéma est un art « à la première personne », aussi individuel que les autres, dont l'unique auteur est le metteur en scène. Ainsi, la politique des auteurs repose sur l'érection du concept de « mise en scène » comme unique raison esthétique du cinéma. Un film exprime la vision du monde d'un auteur, telle qu'elle prend forme dans la mise en scène. L'ultime critère de discrimination entre les films est la sincérité du metteur en scène. Tout film d'auteur est un autoportrait, doit ressembler à son metteur en scène « comme ses empreintes digitales ». Mais la finalité profonde de la politique des auteurs, c'est l'invention par Truffaut et la bande des *Cahiers du cinéma* d'une filiation idéale : entre les pères, d'Amérique et d'Europe, et les fils amenés à prendre le relais, à mettre en œuvre dans leurs films les principes du « cinéma d'auteur ».

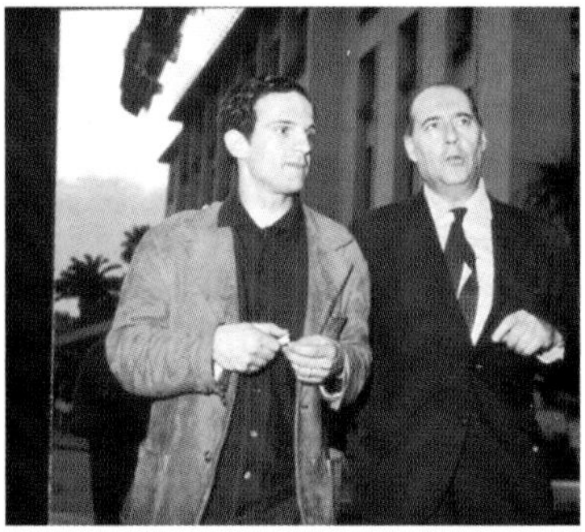

François Truffaut
avec Roberto Rossellini.

Car le travail du critique annonce l'œuvre du cinéaste, qui affermit sa vocation et apprend le métier au contact de ses maîtres. En 1955, *Voyage en Italie* (1953) fait office de révélateur pour la bande des *Cahiers* : Roberto Rossellini leur prouve qu'on peut faire le plus beau des films le plus simplement du monde, en racontant une histoire d'amour entre deux personnages dans un décor naturel. Méprisé par la critique, Rossellini est ému par la manière dont Truffaut a défendu son film. Il lui propose d'être son assistant. Les deux hommes deviennent amis, sillonnent l'Europe de projet en projet pendant deux ans, et si aucun n'aboutit, Truffaut se forme au contact de l'Italien – « l'homme le plus intelligent que j'ai connu ».

Passage à l'acte

En 1957, Truffaut est une personnalité reconnue, un critique adulé par ses admirateurs et haï par ses ennemis. Avec son ami Rivette, il a révolutionné la critique de cinéma en inventant l'entretien-fleuve avec les auteurs, enregistré sur bande magnétique. Jacques Becker, Luis Buñuel, Howard Hawks, Luchino Visconti... les futurs metteurs en scène se choisissent des maîtres et les écoutent pour apprendre. Devenu cinéaste, Truffaut réalisera le chef-d'œuvre du genre : son livre d'entretiens avec Alfred Hitchcock.

Il estime que son œuvre commence avec *Les Mistons*, en 1958, qui n'est pourtant pas son premier film. Dès 1952, les critiques des *Cahiers du cinéma* accumulent les scénarios,

« Réussir c'est rater », par François Truffaut

Dans cet article, pièce centrale de la campagne en faveur de la politique des auteurs, Truffaut pousse son art du paradoxe polémique à des extrémités inégalées, en faisant du ratage de *La Tour de Nesle* (1954), film médiocre d'Abel Gance, le signe du génie de son auteur. Reste la notion de « sacrifice », brillante idée critique, et le talent avec lequel le critique définit, en quelques mots, la singularité des cinéastes évoqués.

« Il n'y a rien de bien original à dire sur *La Tour de Nesle*. Tout le monde sait qu'il s'agit d'un film de commande à devis ridicule, dont le meilleur est resté dans les tiroirs du distributeur. *La Tour de Nesle* est, si l'on veut, le moins bon des films d'Abel Gance. Comme il se trouve qu'Abel Gance est un génie, *La Tour de Nesle* est un film génial. Génie, Abel Gance ne possède point *du génie*, il est *possédé du génie*, c'est-à-dire que si vous lui donnez une caméra portative et que vous le postez parmi vingt opérateurs d'actualité au sortir du Palais-Bourbon ou à l'entrée du Parc des Princes, il vous ramènera, lui seul, un chef-d'œuvre, quelques mètres de pellicule dont chaque plan, chaque image, chaque seizième ou vingt-quatrième de seconde porteront la marque même du génie, invisible et présente, visible et omniprésente. Comment s'y sera-t-il pris ? Lui seul le sait. À vrai dire, je crois bien qu'il n'en sait rien non plus. [...]

On a traité Gance de "raté" et tout récemment de "raté génial". [...] La question se pose à présent de savoir si l'on peut être à la fois génial et raté. Je crois plutôt que le ratage c'est le talent. Réussir c'est rater. Je veux finalement défendre la thèse : Abel Gance auteur raté de films ratés. Je suis convaincu qu'il n'est pas de grands cinéastes qui ne sacrifient quelque chose : Renoir sacrifiera tout (scénario – dialogue – technique) au profit d'un meilleur jeu de l'acteur, Hitchcock sacrifiera la vraisemblance policière au profit d'une situation par avance choisie, Rossellini sacrifie les raccords de mouvement et de lumière pour une plus grande fraîcheur – ou chaleur, c'est la même chose – des interprètes, Murnau, Hawks, Lang sacrifient le réalisme du cadre et de l'ambiance, Nicholas Ray et Griffith la sobriété. (De la notion de sacrifice dans les œuvres géniales.) Or, le film réussi selon l'ancestrale équipe est celui où tous les éléments participent également d'un tout qui mérite l'adjectif parfait. Or la perfection, la réussite, je les décrète abjectes, indécentes, immorales, et obscènes ; à cet égard, le film le plus haïssable est sans conteste *La Kermesse héroïque* [de Jacques Feyder, 1935], pour tout ce qui s'y trouve d'achevé, d'audaces atténuées, de raisonnable, de mesuré, de portes entr'ouvertes, de chemins esquissés et seulement esquissés, tout ce qui s'y trouve de plaisant et de parfait. Tous les grands films de l'histoire du cinéma sont des films "ratés" ».

François Truffaut,
« Abel Gance, désordre et génie » (extrait),
Cahiers du cinéma, n° 47,
mai 1955.

écrits à quatre ou six mains, multiplient les projets avortés. En 1954, sous l'impulsion de Rivette et avec l'aide matérielle de Rohmer, Truffaut tourne en cinq jours son premier court métrage, *Une visite*, dans l'appartement de Jacques Doniol-Valcroze, le rédacteur en chef des *Cahiers*. Mécontent du résultat, il ne le montre à personne. Le Festival de Venise de 1956 précipite son passage à l'acte. Il y fait deux rencontres déterminantes : celle de Pierre Braunberger, producteur indépendant séduit par le tempérament de Truffaut, et celle de Madeleine Morgenstern, fille d'un important distributeur de films, qui deviendra sa femme.

Début 1957, Truffaut tombe sous le charme d'une nouvelle écrite par un jeune collaborateur de *Arts*, Maurice Pons. *Les Mistons* raconte l'histoire d'une bande de gamins qui épient et contrarient les amours estivales d'un couple d'étudiants, Yvette et Étienne. Truffaut souhaite confier le rôle d'Étienne à Gérard Blain, jeune brun ténébreux repéré dans le dernier film de Jean Duvivier (*Voici le temps des assassins*, 1956). Séduit par la femme de Blain, il propose au couple de jouer les amoureux des *Mistons*. Ce sera le premier rôle de Bernadette Lafont. Madeleine Morgenstern demande à son père de financer le film de son ami François. Bien que distributeur de nombreux films français éreintés par Truffaut, Ignace Morgenstern accepte et confie à Marcel Berbert le soin de monter une société pour l'occasion. Berbert sera jusqu'à la fin un élément clé du système Truffaut, son fidèle directeur

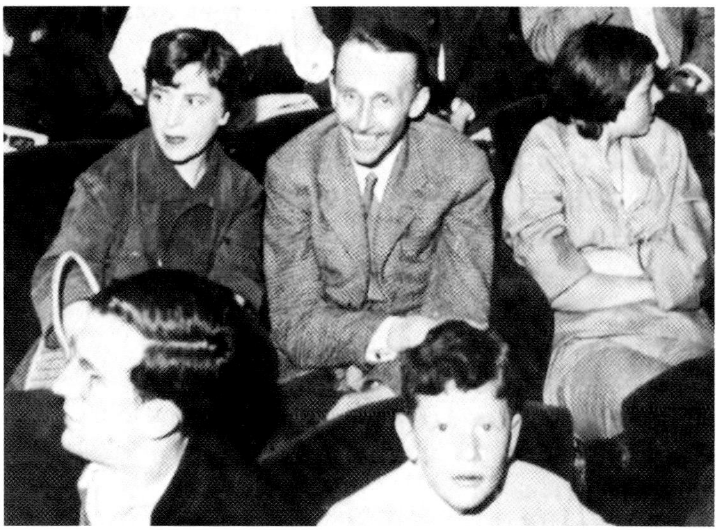

André et Janine Bazin assistent à la projection des *Mistons* avec Truffaut au Festival de Tours en 1957.

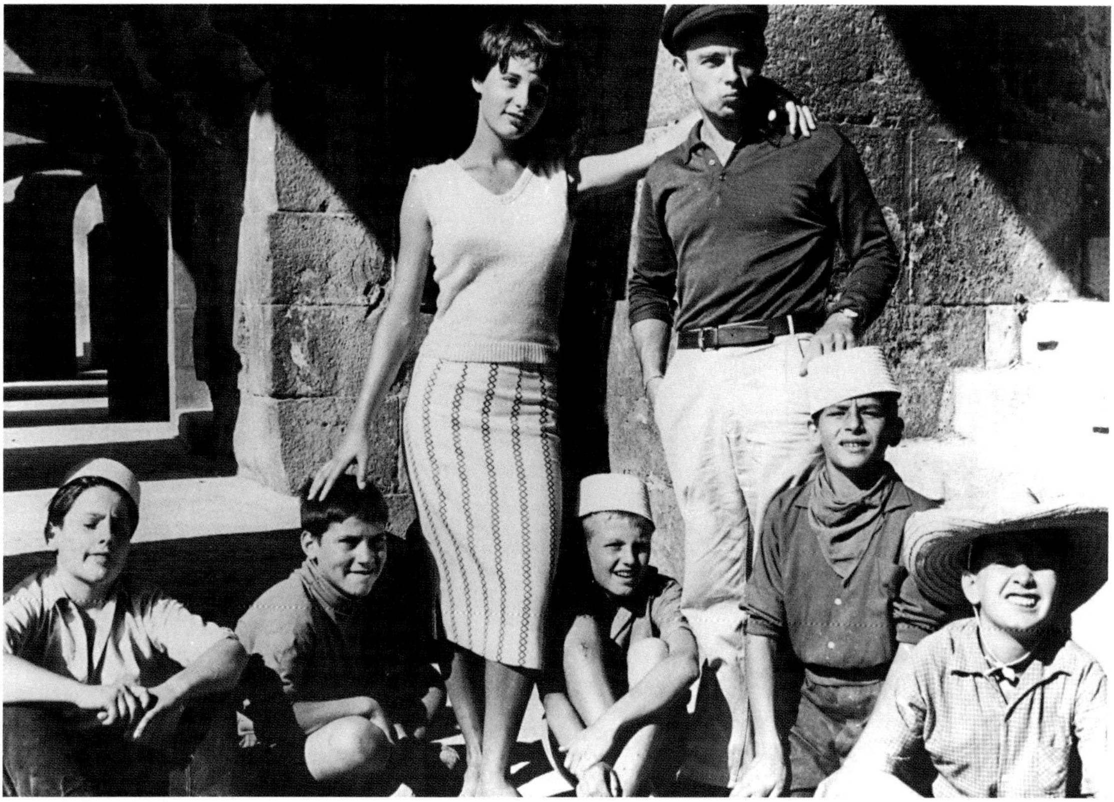

de production. L'apprenti cinéaste crée Les Films du Carrosse – hommage explicite à Jean Renoir, dont il a défendu *Le Carrosse d'or* (1952) –, sa propre société, qui produira tous ses films jusqu'à sa mort.

Le tournage des *Mistons* a lieu à l'été 1957 aux alentours de Nîmes. Budget minuscule, équipe réduite à quelques amis, matériel minimum : huit mètres de travelling, un chariot, une caméra 35 mm et trois réflecteurs. Truffaut se sait attendu au tournant. Ses amis des *Cahiers* le réconfortent, Rivette évoque Renoir et Vigo dans sa critique. Bazin juge *Les Mistons* le plus intéressant des films français présentés au Festival de Tours. Mais surtout, reconnaissant la qualité du travail, ses ennemis se taisent.

« La sœur de Jouve était trop belle, nous ne le supportions pas. Elle roulait toujours jupe flottante et assurément sans jupons. » Ces premiers mots de la première voix off de l'œuvre de Truffaut donnent le ton – une vitalité douloureuse – et posent un motif – les jambes des femmes. *Les Mistons* applique à la lettre le programme annoncé : la vie quotidienne, des

Bernadette Lafont et Gérard Blain ; en haut avec les mistons.

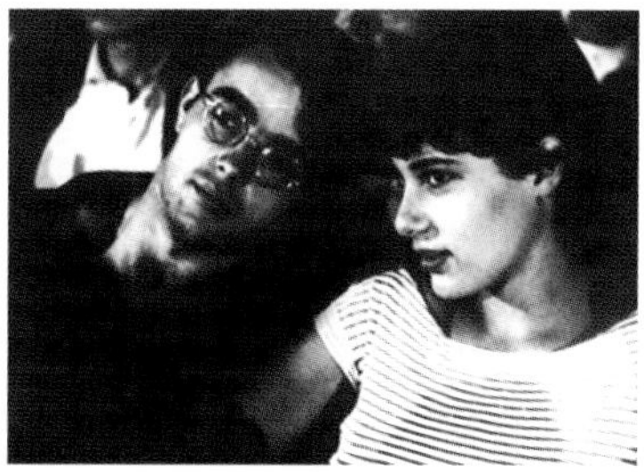

gestes anodins, la jeunesse du moment saisie par des plans vifs, montés court. La pauvreté du matériau filmé a contraint Truffaut à un montage inventif, qui transmet une énergie et une franchise comme arrachées à la vie. Contre les lourdeurs du cinéma français d'après-guerre, « il faut retrouver la fraîcheur de la première époque du cinéma », celle qu'a su garder la série B américaine. Cette recherche d'une vitalité primitive distingue les plus beaux plans des *Mistons*. Comme celui où Bernadette Lafont traverse le court de tennis après que les garçons ont joué un tour au vieil arroseur – discret hommage aux frères Lumière. Autre dette ou héritage, celui de Cocteau, revendiqué par deux truquages : un ralenti sur le visage d'un miston se penchant pour humer la selle humide du vélo de Bernadette, la chute d'un enfant montée à l'envers, comme dans *La Belle et la Bête* ou *Orphée*.

Quatre cents coups endeuillés

Critique vedette, cinéaste en devenir, jeune marié : l'ancien délinquant juvénile s'installe enfin dans la vie. De ses années consacrées à la critique, parmi les auteurs admirés, trois maîtres se distinguent, qui exerceront une influence déterminante sur son œuvre : Renoir, Hitchcock, Rossellini. De Renoir, il retient l'amour des acteurs, la priorité donnée aux personnages et le souci de « les approcher par petites notes contradictoires ». À l'opposé, Hitchcock a tendance à « sacrifier les personnages au profit des situations » : c'est « le plus grand créateur de formes » du cinéma, dont il ne cessera d'étudier et d'appliquer les leçons de mise en scène. Enfin, Rossellini lui a appris à privilégier la vitesse, la vitalité. Les premiers films de Truffaut chercheront leur équilibre entre ces trois pôles, penchant tantôt vers l'Italien (*Les Quatre Cents Coups*), vers l'Anglais (*La Peau douce*), vers le Français (*Jules et Jim*).

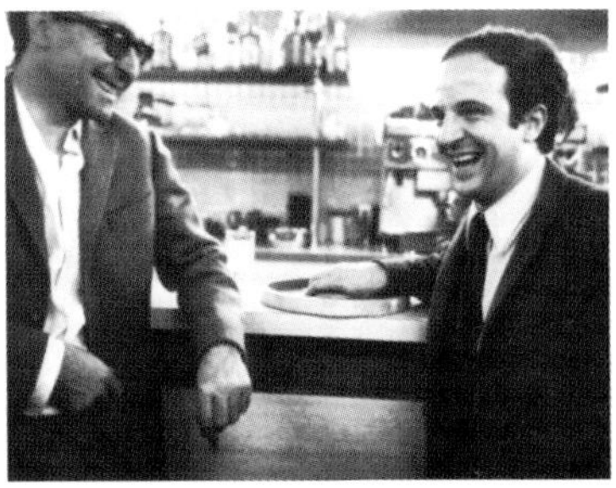

Jean-Luc Godard et François Truffaut.

Truffaut est pressé de réaliser un long métrage. Il profite d'inondations dans le sud de la région parisienne pour filmer à toute vitesse l'histoire de deux jeunes gens tentant de se frayer un chemin en voiture parmi routes barrées et champs inondés. Mécontent du résultat, il refile les rushes à Godard, qui écrit, enregistre et postsynchronise des dialogues et un commentaire, assemble les fragments. Le court métrage *Une histoire d'eau*, cosigné par les deux amis, accompagnera trois ans plus tard en salles la sortie de *Lola* de Jacques Demy[4]. Le

4. De la même manière, c'est suite à une longue conversation avec Godard sur un quai du métro que Truffaut jette sur le papier un synopsis de quelques lignes. Il l'étoffera, le vendra à Godard qui le développera à sa manière en lui donnant le titre d'*À bout de souffle*.

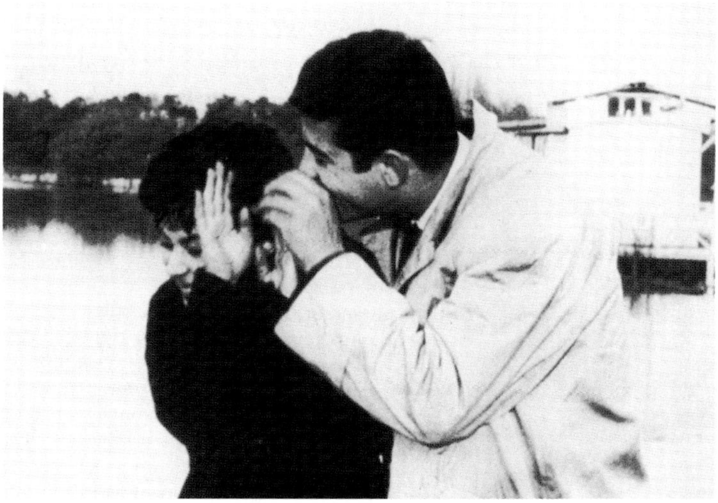

Caroline Dim et Jean-Claude Brialy dans *Une histoire d'eau.*

soutien décisif vient de son beau-père. Malgré son peu de goût pour *Les Mistons*, Morgenstern décide de donner sa chance au mari de sa fille et de produire son premier long métrage. Truffaut reprend et développe *La Fugue d'Antoine*, synopsis écrit quelques années plus tôt, dont il puise la matière dans sa propre adolescence, entre ses dernières mésaventures d'écolier et son passage au Centre d'observation des mineurs en 1948. Il condense en quelques mois cinq ans de sa vie et, refusant de faire un film d'époque, transpose le récit de l'Occupation aux années cinquante. Reste à trouver l'adolescent qui incarnera un personnage principal très fortement inspiré de la jeunesse du cinéaste. Des centaines d'enfants auditionnés, Jean-Pierre Léaud se détache d'emblée : garçon instable, fugueur, mais aussi brillant et très cultivé pour son âge, il ressemble au jeune Truffaut – en moins timide et dissimulateur, plus frontal et provocateur.

Le tournage commence le 11 novembre 1958. Dans la nuit du 10 au 11, André Bazin meurt d'une leucémie. Le soir, Truffaut se rend à la veillée funèbre de son maître, ami et père adoptif. Dès qu'il le peut, il quitte le plateau pour retrouver Janine Bazin et son fils. Cette atmosphère de deuil pèse sur le tournage, accentue la noirceur des *Quatre Cents Coups*, que Truffaut dédie à André Bazin. Le critique le plus important de l'après-guerre est mort le matin du jour où son plus brillant élève tournait les premiers plans de son premier long métrage. Coïncidence tragique, à la Balzac, la plus frappante de la vie romanesque de François Truffaut.

Les jeunes cinéastes français au Festival de Cannes en 1959.

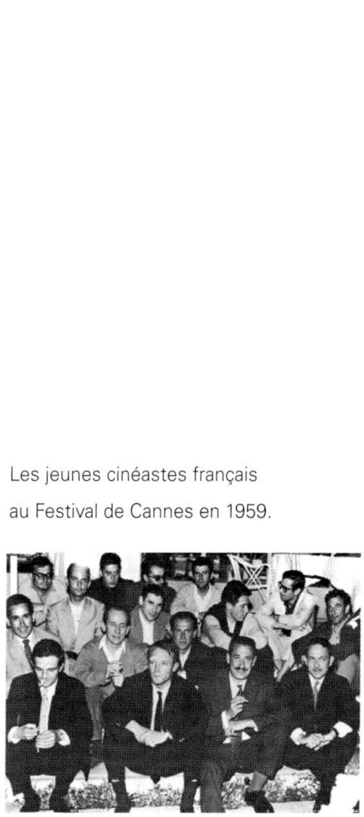

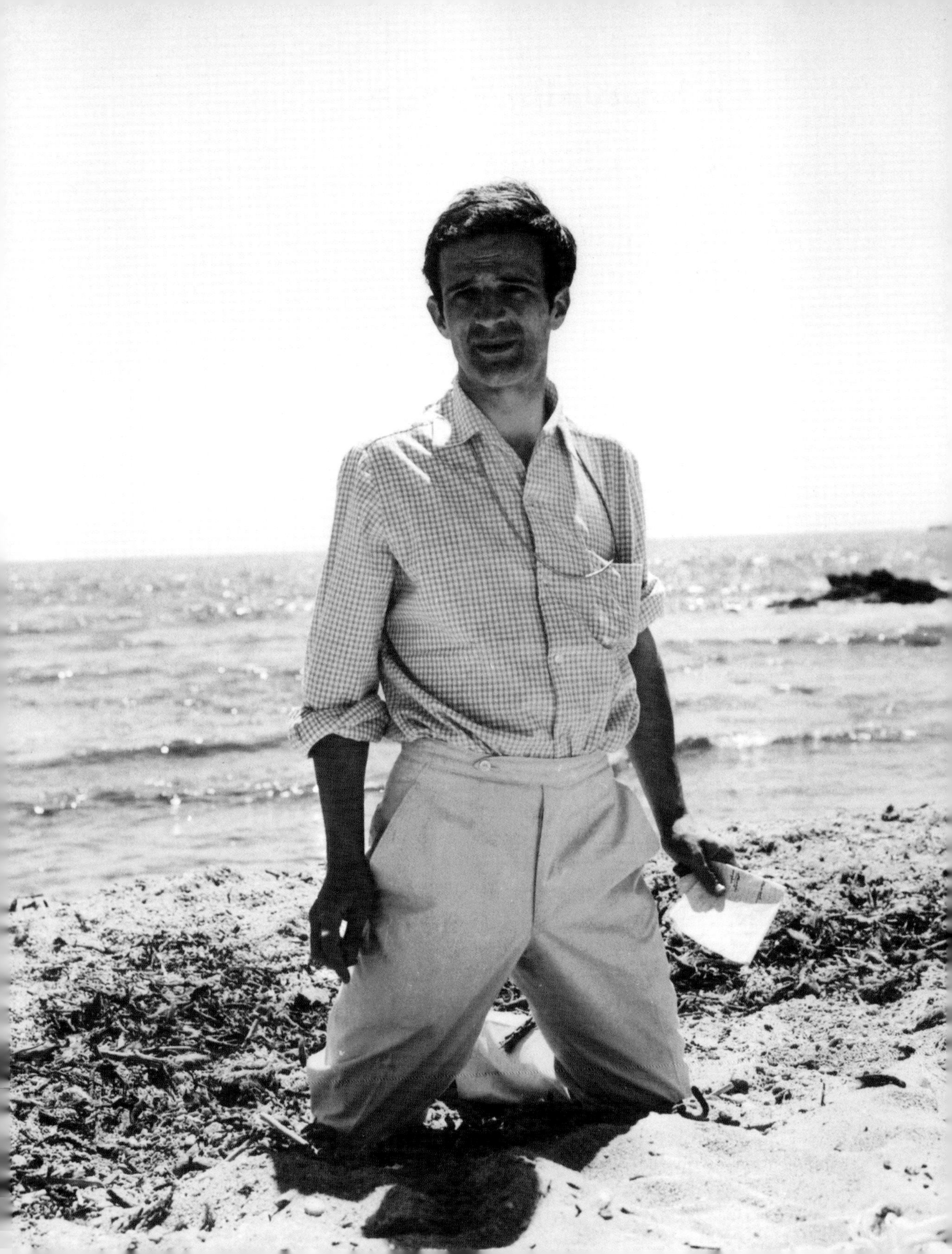

La Nouvelle Vague à contre-courant

Des *Quatre Cents Coups* à *La mariée était en noir*

Un triomphe français

Mars 1959. Rivette, Godard et Rossellini sortent enthousiastes des projections privées des *Quatre Cents Coups*. Pourtant, la sélection du film pour le prochain Festival de Cannes surprend tout le monde. Avec *Hiroshima mon amour* de Resnais, présenté hors compétition, les jeunes cinéastes supplantent les vieilles gloires sur la Croisette. Godard célèbre l'événement dans les colonnes de *Arts* en avril, mais déclare : « Si nous avons gagné une bataille, la guerre n'est pas encore finie. » L'avenir lui donnera raison.

Lundi 4 mai, Palais des Festivals. Truffaut est rongé par l'angoisse avant la projection officielle de son film. La salle l'ovationne, tous les regards cherchent le visage du jeune cinéaste. À la sortie du Palais, Jean-Pierre Léaud est porté en triomphe jusqu'aux festivaliers et photographes massés en bas des marches. Cocteau s'improvise chaperon de Truffaut dans l'hystérie du festival. Le lendemain, l'événement fait la une de toute la presse : un cinéaste de vingt-huit ans et un acteur de quatorze ans rajeunissent Cannes et le cinéma français. Le film remporte le prix de la mise en scène et sort à Paris dans la foulée. Le succès public est immense, et restera longtemps le plus important de la carrière de Truffaut. Film plébiscité, *Les Quatre Cents Coups* devient phénomène de société, prétexte à reportages et débats sur l'enfance maltraitée et la démission des parents. Mais surtout, il s'impose comme le film-phare du phénomène Nouvelle Vague[5]. Le triomphe des *Quatre Cents Coups* lance la mode du « film jeune ». En trois ans, près de cent soixante-dix cinéastes tournent leur premier long métrage sous l'appellation « Nouvelle Vague ». Le succès de Truffaut

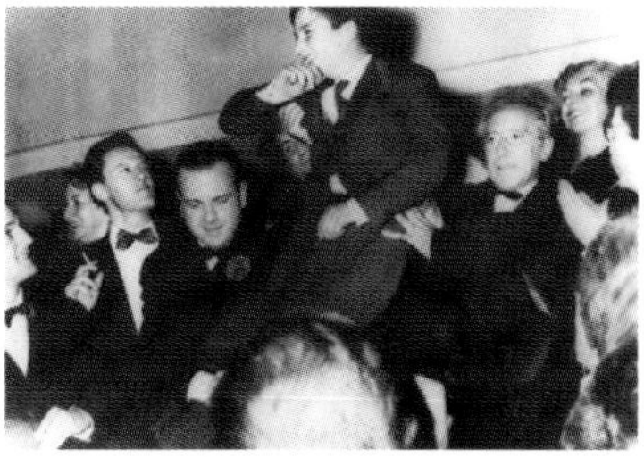

Jean-Pierre Léaud porté en triomphe par Jean Cocteau au Festival de Cannes en 1959.

Page de gauche : François Truffaut sur le tournage de *Jules et Jim* en 1961.

5. Le terme est apparu en octobre 1957 dans *L'Express*, sous la plume de Françoise Giroud, pour nommer le besoin de changement de la société française, exprimé par la jeunesse dans différents domaines. En février 1958, le critique Pierre Billard l'applique au nouveau cinéma français.

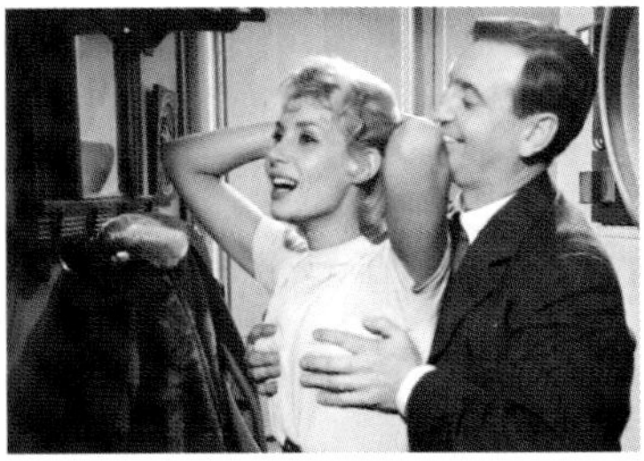

Les Quatre Cents Coups : les parents d'Antoine (Claire Maurier et Albert Rémy).

permet notamment à Godard de tourner enfin son premier film, *À bout de souffle*, qui sort en mars 1960 avec un succès comparable à celui des *Quatre Cents Coups*. Ainsi, fin 1959, Truffaut apparaît comme le chef de file du jeune cinéma français, dont Godard et Resnais sont les têtes chercheuses.

Mais la contre-attaque ne tarde pas. Les adversaires de Truffaut, tenants du cinéma traditionnel et critique de gauche menée par la revue *Positif*, lancent une offensive anti-Nouvelle Vague. Les premiers accusent les jeunes cinéastes d'amateurisme et d'intellectualisme, leur reprochent de faire des films ennuyeux. Quant aux seconds, ils stigmatisent le parisianisme, la gratuité du propos, le manque d'engagement social et politique.

À titre personnel, Truffaut fait face à la double accusation d'arrivisme et de trahison. On soupçonne le « Rastignac de la Nouvelle Vague » d'être prêt à tout pour assouvir son ambition, notamment d'« épouser la fille de son pire ennemi pour trouver un financement ».

À l'origine du bruit et de la fureur, il y a un film étonnamment mûr, ni d'avant-garde, ni académique, un premier long métrage qui ressemble beaucoup à son auteur : libre et prudent, sauvage et rusé. Un film étonnamment français de la part du pourfendeur de la « Qualité française » et zélateur du cinéma hollywoodien. Se rappelant la leçon de son maître italien, Roberto Rossellini, celle d'*Allemagne année zéro* (1947), Truffaut a cherché un réalisme cru, proche du documentaire. Dans son esprit, *Les Quatre Cents Coups*

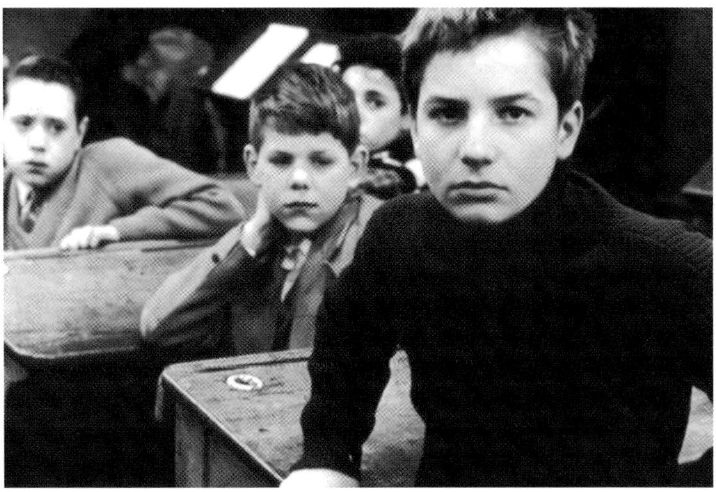

Antoine (Jean-Pierre Léaud) pris en flagrant délit de mensonge.

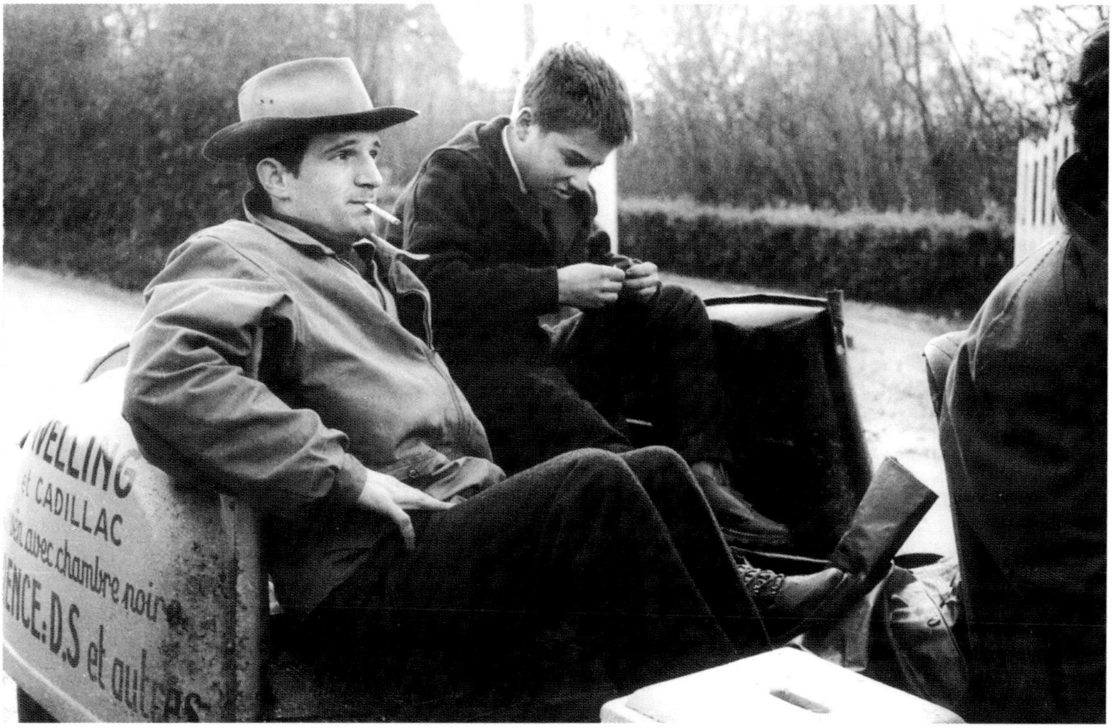

devait être un document sur la solitude d'un enfant. Ce qui frappe pourtant, c'est la fermeté de la mise en scène et de la direction d'acteurs : Truffaut a bel et bien appris le cinéma en étudiant ses maîtres, mieux que dans une école. Il revendique fièrement ses modèles. Hitchcock pour le découpage, la mise en scène des situations : l'échange de regards complexe et inquiétant entre l'instituteur, Antoine et sa mère, lorsque celle-ci vient le chercher à l'école après son plus grave mensonge. Influence de Renoir pour le jeu des acteurs, notamment celui de Léaud, qui jamais ne fait le « petit homme ». Enfin, si Cocteau a pris sous son aile le cinéaste égaré dans les mondanités cannoises, c'est qu'il s'est reconnu dans *Les Quatre Cents Coups*. Son ombre plane sur un film emporté par un souffle de féerie qui tord le réalisme rossellinien, atténue la cruauté par le sentiment mélancolique d'une vie à demi rêvée. Ainsi la scène du rotor où, sous l'effet de la machine, Antoine bascule dans une vitesse immobile, une ivresse de l'apesanteur qui rappelle *Orphée* et *Le Sang d'un poète*. C'est surtout l'appartement de René, caverne de brocanteur gardée par un Bucéphale empaillé, hommage de Truffaut au refuge anarchiste des *Enfants terribles*.

Sur le tournage
des *Quatre Cents Coups*.

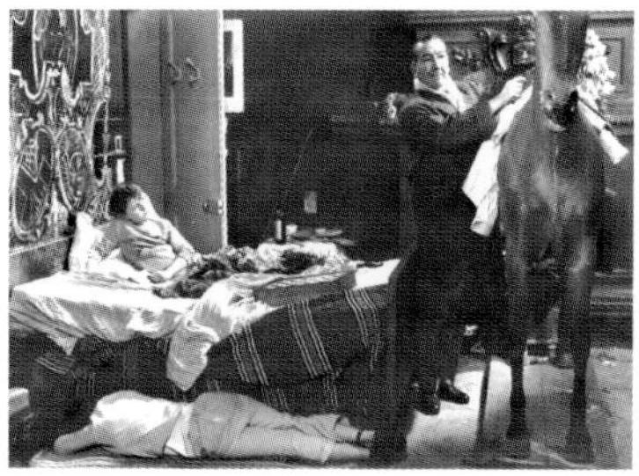

Clandestinité dans le grand appartement
du père de René (Georges Flamant).

Pages suivantes :
Fétichisme précoce : le vol d'une photo de *Monika* d'Ingmar Bergman (Jean-Pierre Léaud et Patrick Auffray dans *Les Quatre Cents Coups*).

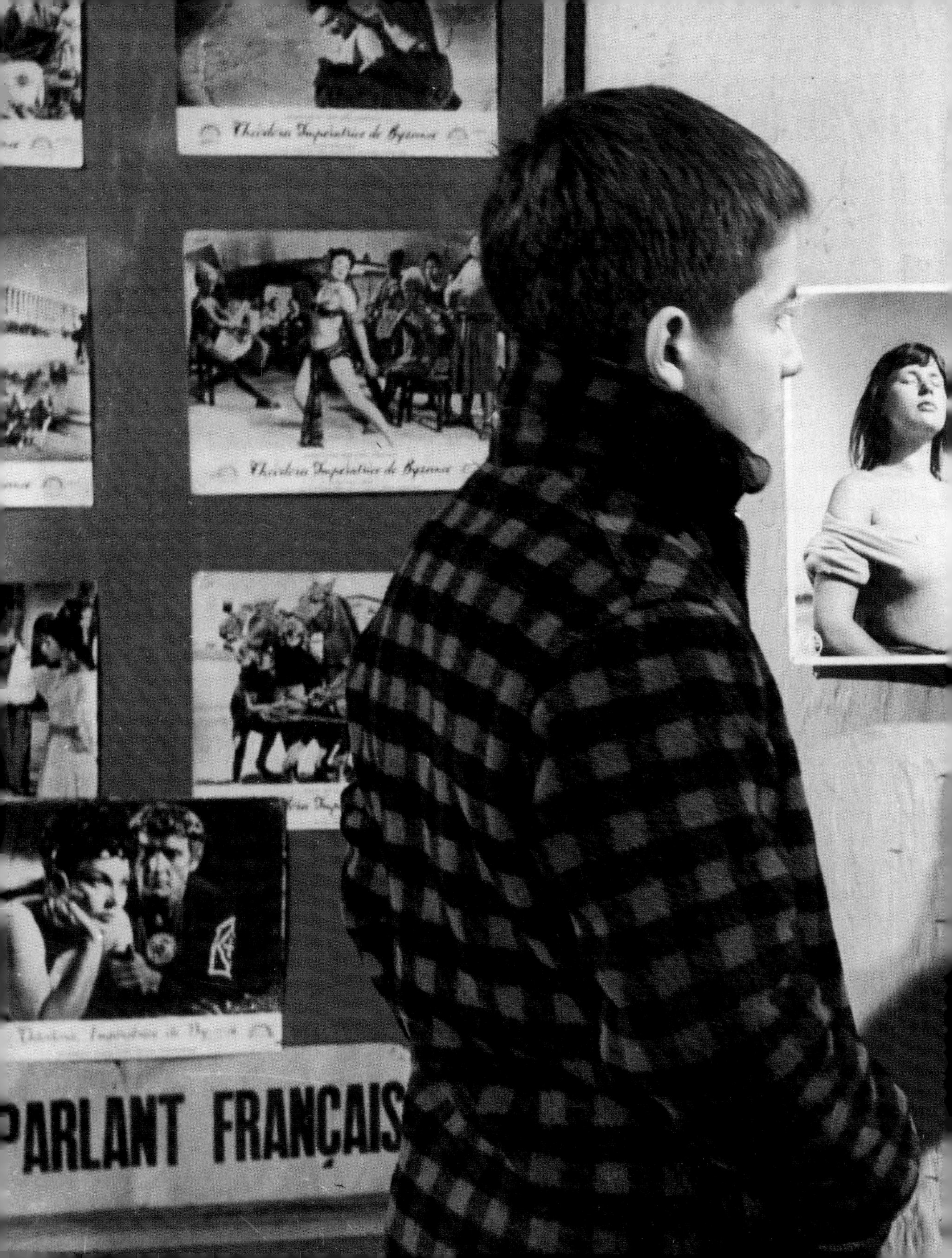
PARLANT FRANÇAIS

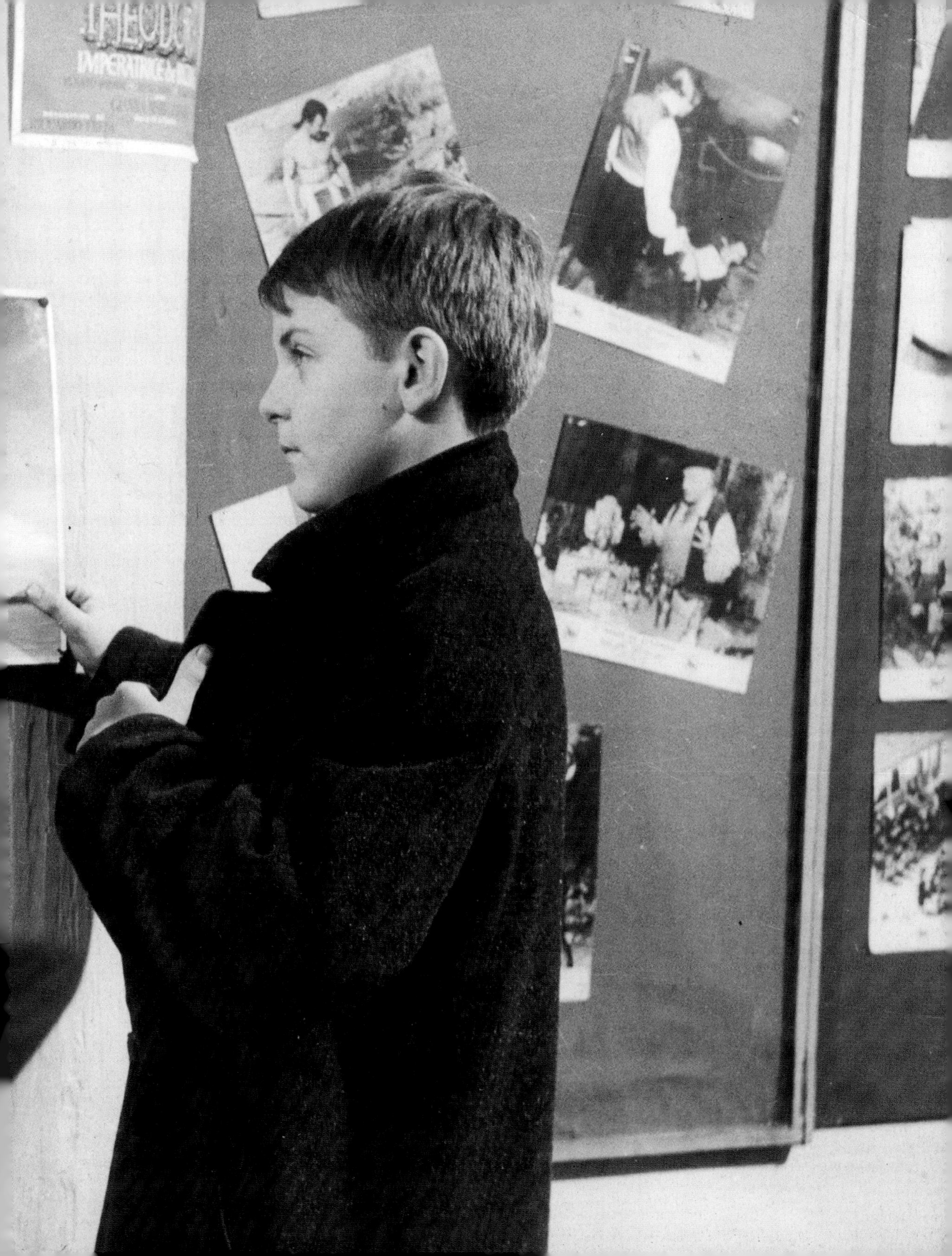

Hollywood, l'autre origine

La Nouvelle Vague est un mythe journalistique et une réalité économique, certainement pas une communauté esthétique. Le seul groupe réel, animé de vraies solidarités, est celui des anciens critiques des *Cahiers du cinéma*. Truffaut fait profiter ses amis de sa réussite. Dans *Les Quatre Cents Coups*, Antoine et ses parents vont au cinéma voir *Paris nous appartient*. En 1959, le film de Rivette est pourtant dans les limbes, tournage interrompu faute d'argent. Avec l'aide de Chabrol, Truffaut rembourse les dettes, permet à Rivette d'achever le tournage, finance le montage et se bat pour que le film soit distribué. Dans l'euphorie de 1959, d'autres cinéastes profitent du secours des Films du Carrosse. Ainsi Cocteau, qui souhaite achever la trilogie orphique après *Le Sang d'un poète* et *Orphée*. Truffaut coproduit *Le Testament d'Orphée* (1960) et participe à l'écriture du scénario de ce film dans lequel Léaud fait une apparition – « comme un porte-bonheur qui me rappelle ce que je te dois », écrit le vieux maître à son élève devenu producteur.

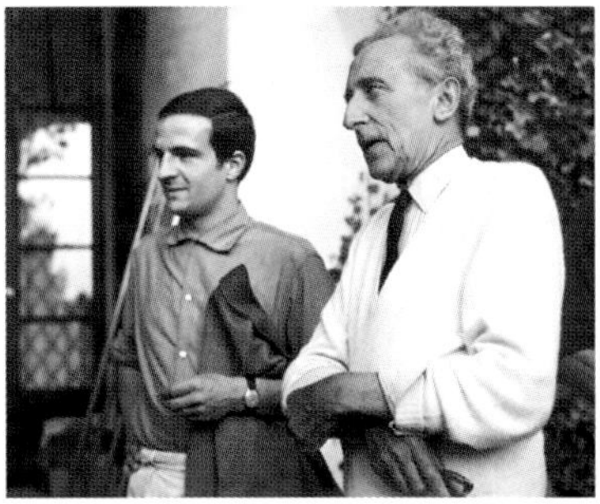

Le maître : Jean Cocteau.

L'alter ego : Charles Aznavour.

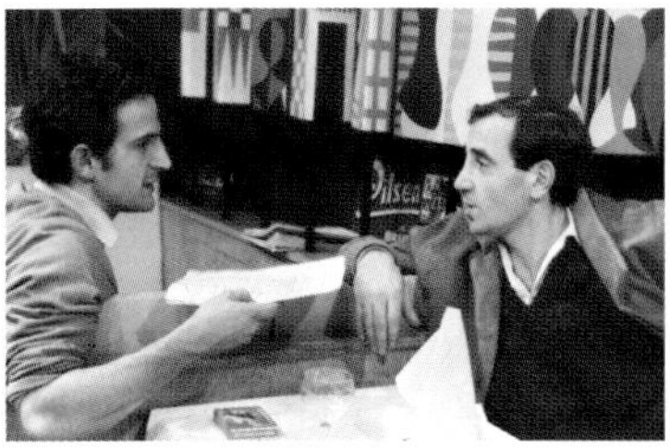

Alors que tout le monde attend de Truffaut qu'il exploite le filon des *Quatre Cents Coups*, son deuxième film dévoile une face plus sombre de sa personnalité, et révèle un art du contre-pied qui gouvernera son œuvre : chaque nouveau film est entrepris contre le précédent. Cette habitude répond à la double nécessité de surprendre le public, de ne jamais être là où on l'attend, et d'entretenir le désir chez un homme sujet au doute, à la dépression, à la peur du vide. Truffaut ne vit que pour et par son art : « Si le cinéma s'arrêtait, je serais cuit. Je ne pourrais rien faire, je ne connais rien, je serais comme infirme. »

Truffaut veut revenir aux sources de la cinéphilie hollywoodienne, « plaire aux vrais cinglés du cinéma et à eux seuls, quitte à dérouter une grande partie de ceux qui ont aimé *Les Quatre Cents Coups* ». *Tirez sur le pianiste* répond à deux désirs : travailler avec Charles Aznavour, en qui il rencontre un alter ego – même allure, sèche et nerveuse, même mélange d'angoisse et de volonté –, et adapter un récit d'un de ses écrivains de polar préférés, David Goodis, l'histoire tragique et mélancolique d'un pianiste célèbre qui, suite à un drame intime, se réfugie dans l'anonymat et tombe amoureux de la jeune serveuse du bar où il joue tous les

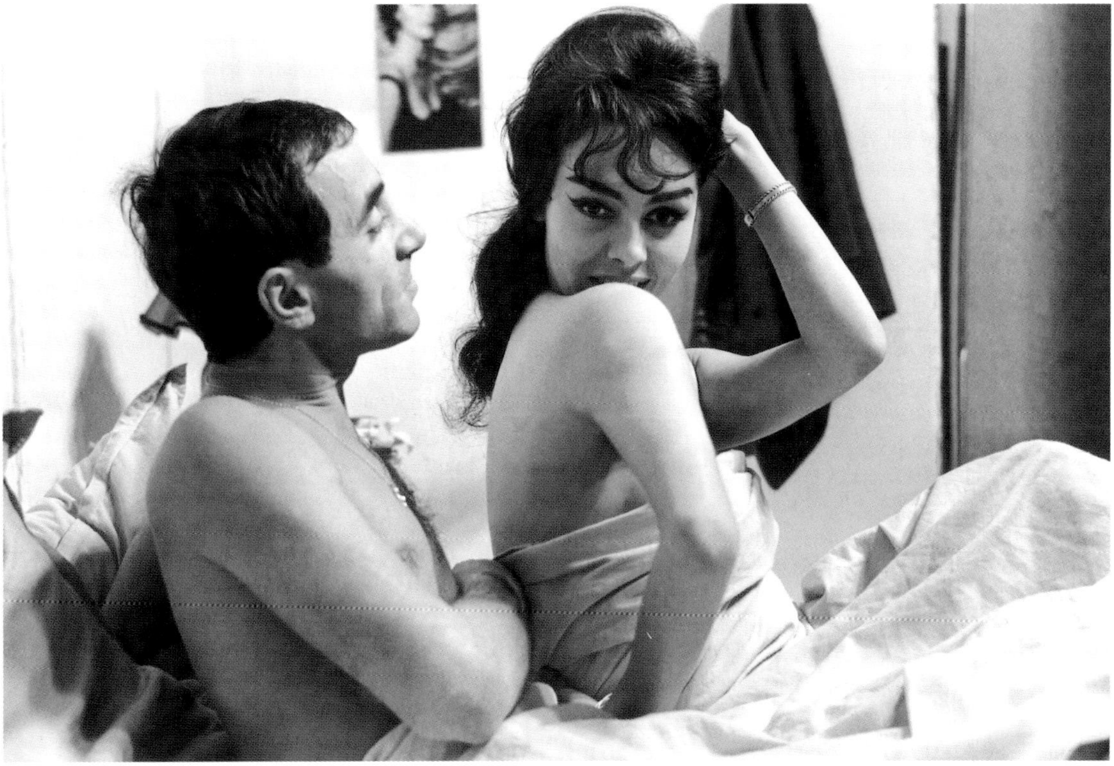

soirs. Rattrapé par son passé, il cause indirectement la mort de la jeune femme.

Prendre le contre-pied des *Quatre Cents Coups*, dérouter les spectateurs : l'opération est un succès. *Les Quatre Cents Coups* était très français, linéaire, d'une parfaite unité tonale, *Tirez sur le pianiste* est un « pastiche respectueux du film B américain », au récit éclaté par un double flash-back, mélangeant abruptement les genres et les tons. Le public ne trouvera pas le chemin des salles : c'est le premier échec public de Truffaut. C'est pourtant le vrai manifeste de la Nouvelle Vague, avec *À bout de souffle* : fait avec des bouts de ficelle, éclairé à la lumière naturelle par le chef opérateur emblématique Raoul Coutard, d'une constante invention plastique et narrative. Pour surmonter sa réticence à filmer la violence et les gangsters, sa haine du truand à la française, sûr de lui et paternaliste, Truffaut détourne le film noir vers une poésie féerique, mélange l'humour à la Queneau des dialogues et le lyrisme tragique de Cocteau. Grâce au visage d'Aznavour, masque impassible du désespoir et fièvre souterraine, Charlie Kohler est un des plus émouvants antihéros de l'œuvre.

Une atmosphère de film noir hollywoodien (Charles Aznavour et Michèle Mercier dans *Tirez sur le pianiste*).

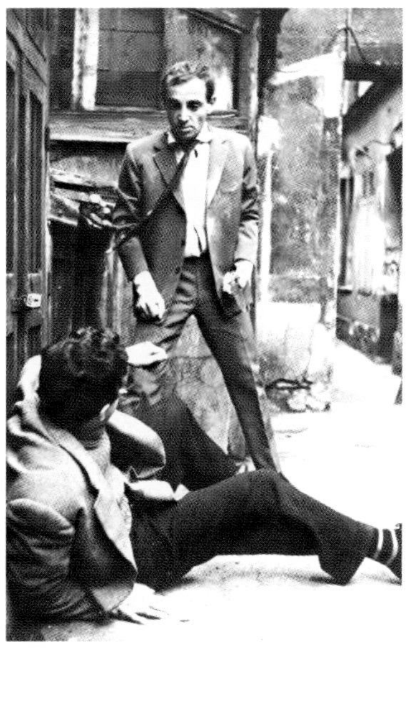

La mort dans la neige

Tirez sur le pianiste

« Quand je te détesterai, je mettrai ma casquette » : c'est la dernière phrase de Charlie à Léna. Il va prévenir ses frères qu'il quitte le chalet et part avec elle. Mais les malfrats qui cherchent son frère ont trouvé leur repaire. Léna est tuée lors de la fusillade, son corps roule dans la neige. La séquence commence par le plan muet de la voiture des truands traversant le paysage. Selon Truffaut, c'est l'origine de *Tirez sur le pianiste* : « Une seule image m'a décidé à faire le film. Elle était dans le livre. Une route en pente dans la neige, la voiture descendait, sans bruit de moteur, c'était une chose que j'avais terriblement envie de visualiser, le reste a suivi. » Truffaut aime la neige au point d'avoir situé la fin de plusieurs films dans des paysages enneigés. La procession des hommes-livres dans *Fahrenheit 451*, la dernière séquence de tournage de *La Nuit américaine*, la fin de *La Sirène du Mississippi*, le retour au chalet de *Tirez sur le pianiste*. Ce qui l'attire avant tout, c'est la puissance photogénique de la neige, puissance d'abstraction, de stylisation. La blancheur de la neige est aussi le plus naturel des moyens d'effacer les couleurs dont Truffaut se méfie tant. La neige dilue les formes et absorbe les sons. Dans *Tirez sur le pianiste*, film en noir et blanc, Truffaut exploite cette dimension sonore pour plonger la séquence dans un silence féerique, soudain déchiré par le cri de Léna et les coups de feu. La mort de la jeune fille est un des plus beaux passages de l'œuvre de Truffaut. Après son cri, la caméra suit sa course en gros plan. Elle semble tourner en rond, jusqu'à ce qu'un plan d'ensemble restitue sa trajectoire dans le paysage : ligne droite vers la balle qui la fauche. Lorsque son corps dévale longuement la pente enneigée, on dirait un enfant se laissant glisser au flan de la montagne. Comme chez Cocteau, la mort peut, le temps d'une image poétique, donner l'illusion d'être un jeu, « pour de faux ». Troisième temps fort de la séquence : la course de Charlie et Fido vers le corps inerte de Léna, deux points noirs dans l'immensité blanche d'un plan réduit à deux bandes horizontales. Truffaut raccorde violemment sur le mouvement de Charlie, en plan serré, retournant Léna, découvrant son masque mortuaire à demi recouvert de neige. La séquence s'achève sur un léger travelling avant, qui isole le visage pétrifié. Cette séquence est aussi l'une de celles où se manifeste le plus clairement la nostalgie du muet, le désir de retrouver la puissance graphique et l'énergie simple des premiers maîtres. Truffaut revendique l'héritage en glissant un hommage à Griffith : le plan de Léna dévalant la pente enneigée est une citation de la fin d'*À travers l'orage* (1920), lorsqu'un bloc de glace dérivant sur la rivière emporte le corps inerte de Lillian Gish.

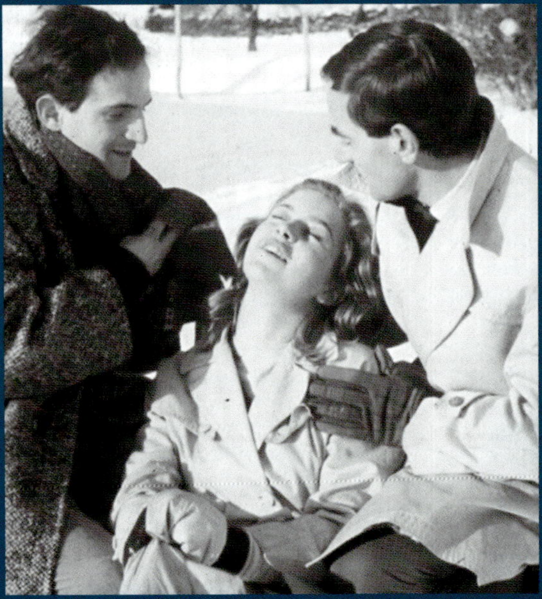

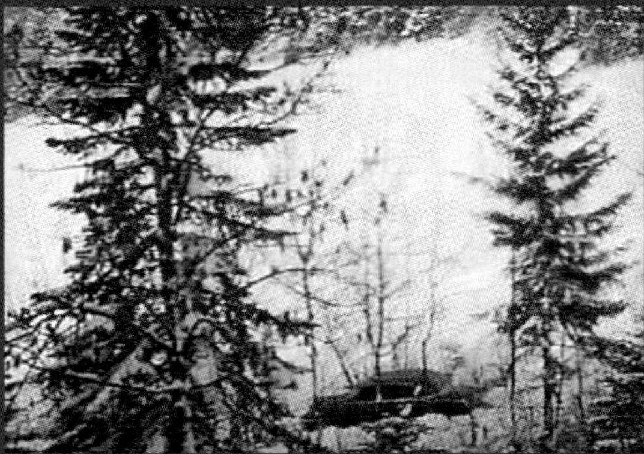
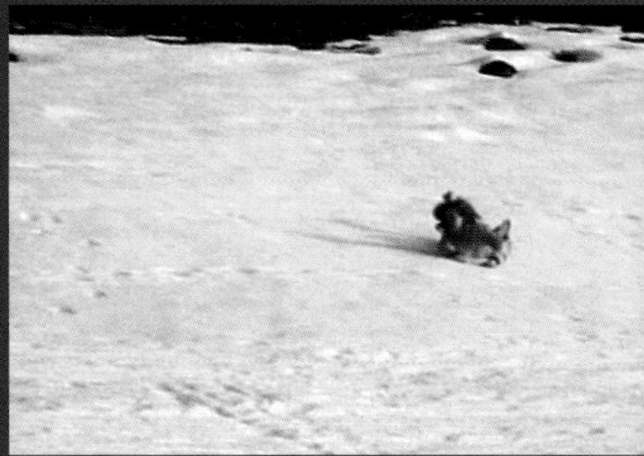
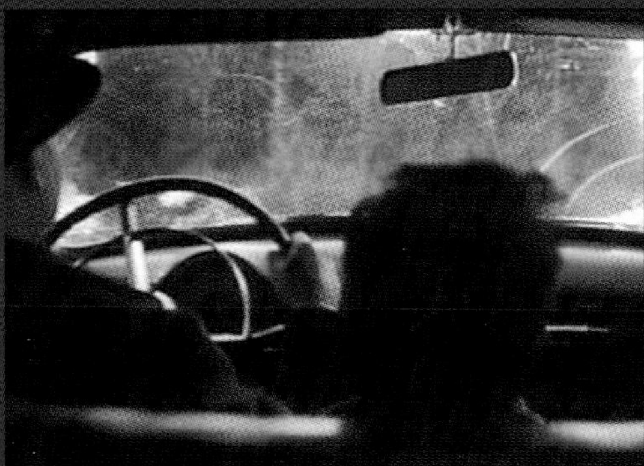
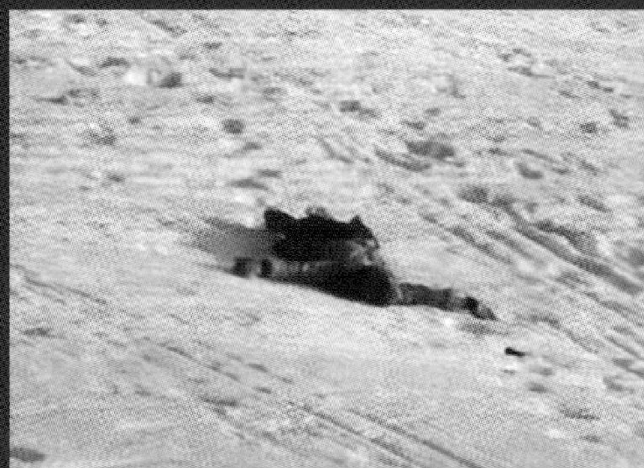
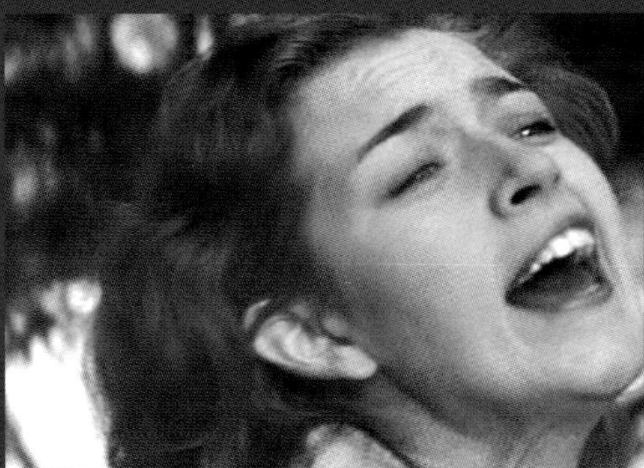
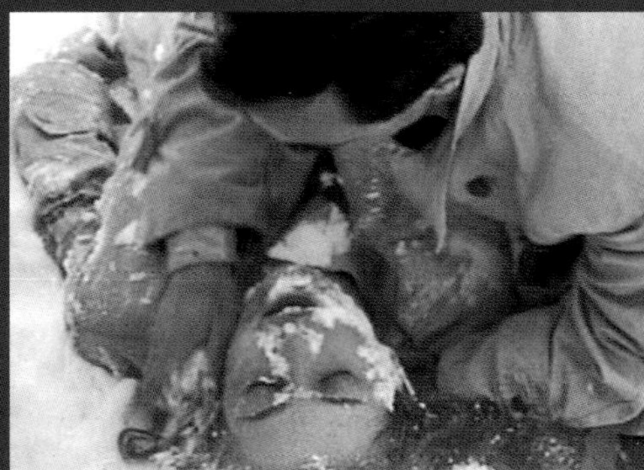
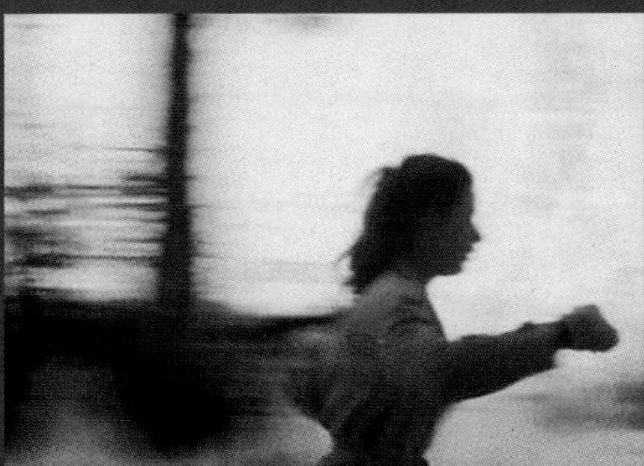
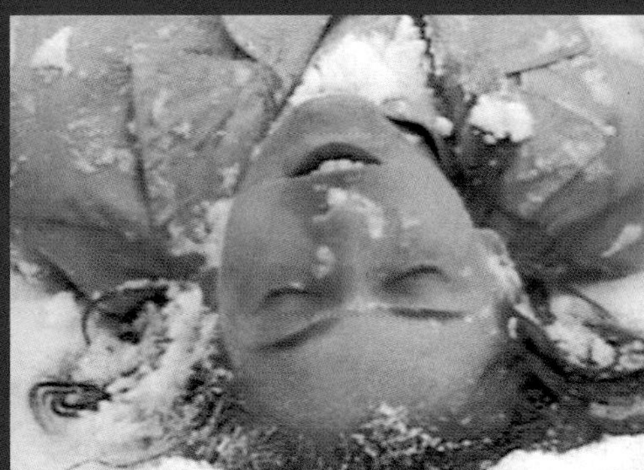

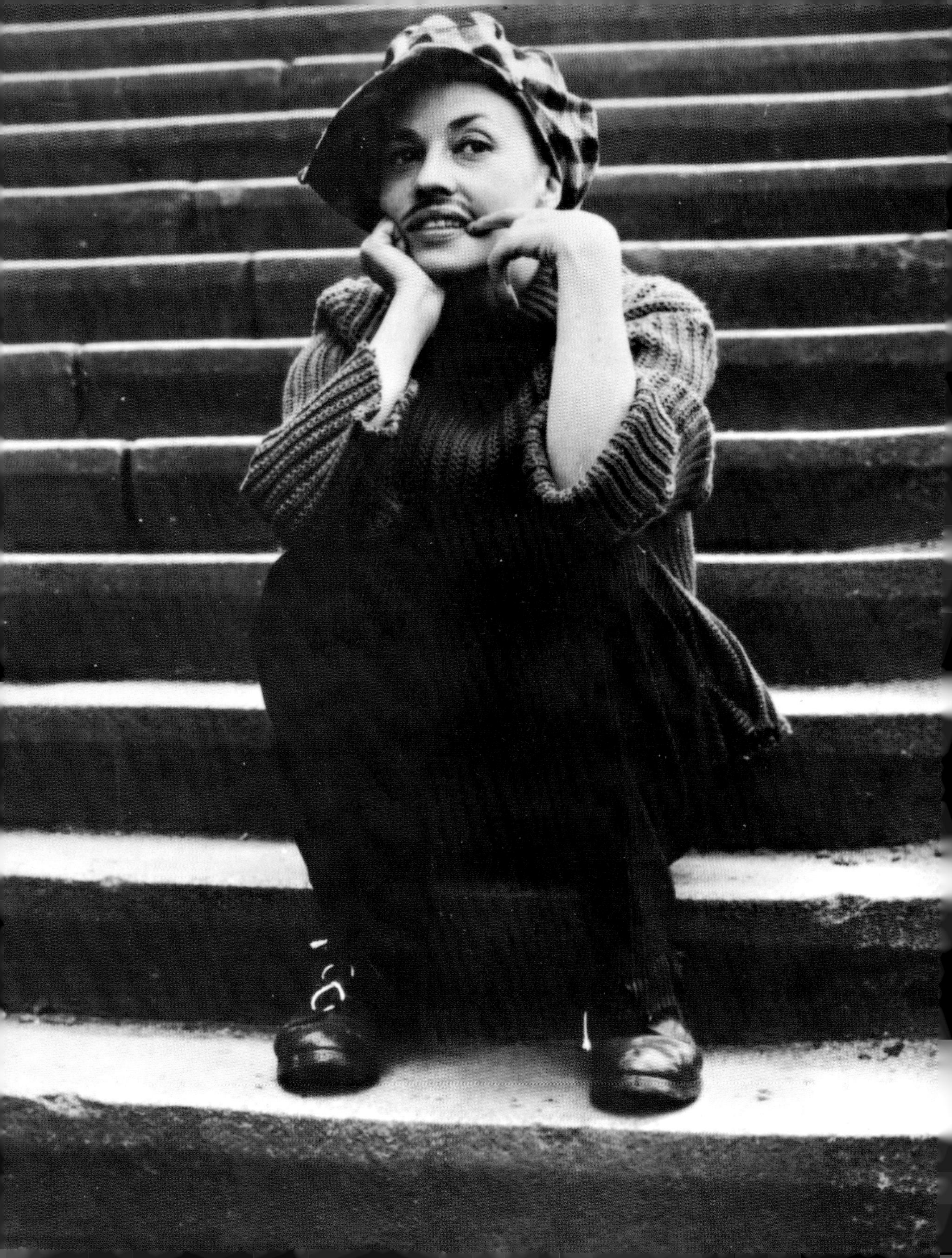

Remous du présent et tourbillon du passé

En 1960-1961, la scène politique française est dominée par la guerre d'Algérie. La torture, l'insoumission de l'armée, la censure conduisent le « désengagé professionnel » à sa première prise de position politique. Truffaut n'hésite pas à signer le Manifeste des 121, pétition contre la guerre lancée par Marguerite Duras et Dionys Mascolo. C'est une rupture manifeste avec ses anciennes affinités hussardes : aux yeux de l'opinion, le critique de droite est devenu cinéaste de gauche. Vision simpliste d'un homme qui n'a pas changé. Truffaut garde son mépris pour la bonne conscience de gauche, reste un anarchiste pessimiste. Il ne s'inscrira jamais sur les listes électorales. De sa vie, il n'aura jamais voté.

Après l'échec de *Tirez sur le pianiste*, Truffaut n'a plus le droit à l'erreur. Souhaitant frapper un grand coup, il ressort de ses tiroirs son projet le plus cher, celui d'adapter *Jules et Jim* de Henri-Pierre Roché[6]. Truffaut et Roché avaient entretenu une correspondance amicale, interrompue par la mort de l'écrivain pendant le montage des *Quatre Cents Coups*. Deux ans plus tard, Truffaut se sent prêt à relever le défi, d'autant qu'il a rencontré l'actrice capable de donner vie à Catherine, l'héroïne flamboyante de Roché. À la fois star glorieuse et femme libre, Jeanne Moreau fascine Truffaut. Leur histoire d'amour favorise un tournage euphorique et fiévreux. Le récit autobiographique de Roché est d'une immoralité scabreuse : de part et d'autre de la Grande Guerre,

6. Truffaut a découvert le premier roman de ce vieillard inconnu chez un bouquiniste dans les années cinquante. Bouleversé par l'écriture sèche de ce « Cocteau paysan », il glisse une allusion au roman dans une critique d'un western d'Edgar G. Ulmer, *Le Bandit* (1954). Touché par l'hommage, Roché écrit à Truffaut, le remercie et lui envoie son deuxième roman encore inédit, *Les Deux Anglaises et le Continent*.

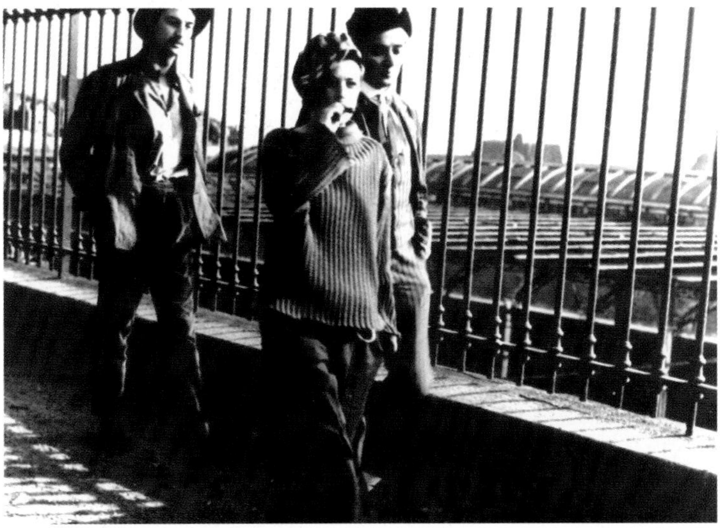

Page de gauche :

Jeanne Moreau en gavroche dans *Jules et Jim*.

Ci-contre et pages suivantes :

Trio amoureux : Henri Serre, Oskar Werner et Jeanne Moreau dans *Jules et Jim*.

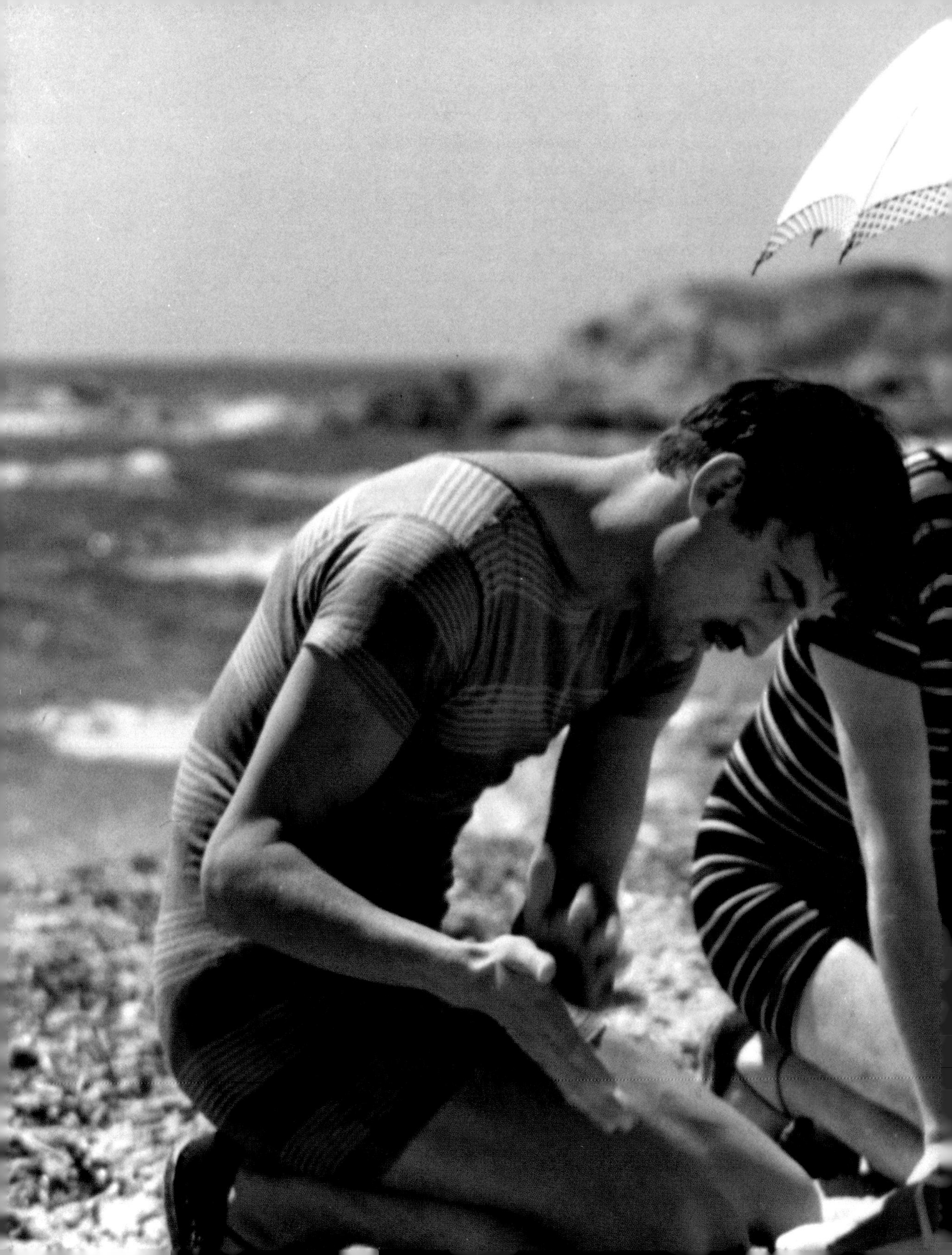

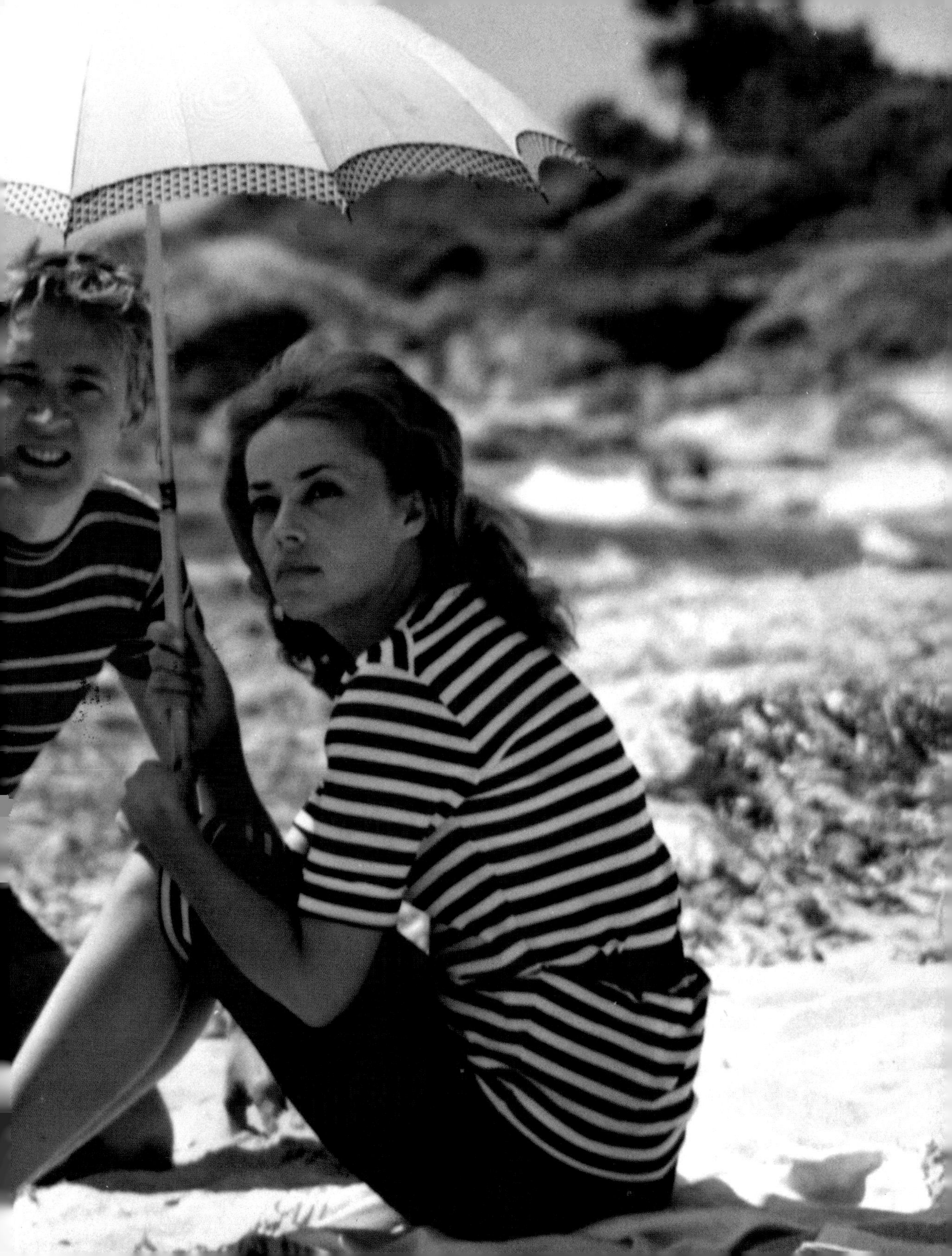

L'adaptation littéraire, la passion des livres

Des vingt-cinq courts et longs métrages de Truffaut, douze ont pour origine un ou plusieurs livres. Ce recours massif à l'adaptation littéraire dissimule plusieurs formes de relation du film au livre, qu'il convient de distinguer, de la plus anecdotique à la plus essentielle.

Truffaut trouve dans les romans policiers des intrigues, situations et actions fictionnelles qu'il se sent incapable d'imaginer : « Dans les livres elles me plaisent, ça me donne le courage de les filmer. Mais je n'aurais pas le courage de les inventer. » Mais ce qui l'attire précisément vers Goodis, Irish ou Williams, c'est un ton, un style, un univers familier, qu'il cherche à transposer avec les moyens propres du cinéma, sans hésiter à bouleverser l'intrigue ni à injecter une matière personnelle, autobiographique.

Autre motivation, la rencontre d'un thème obsessionnel, qu'un livre lui donne l'occasion de traiter : l'amour des livres avec *Fahrenheit 451*, la fidélité au souvenir pour *L'Autel des morts* d'Henry James, devenu *La Chambre verte*. Truffaut et Gruault ont mêlé à la trame principale des emprunts à deux autres nouvelles de James, *La Bête dans la jungle* et *Les Amis des amis*. De même, Proust irrigue secrètement de nombreux scénarios, dont scènes et personnages sont empruntés à la *Recherche*.

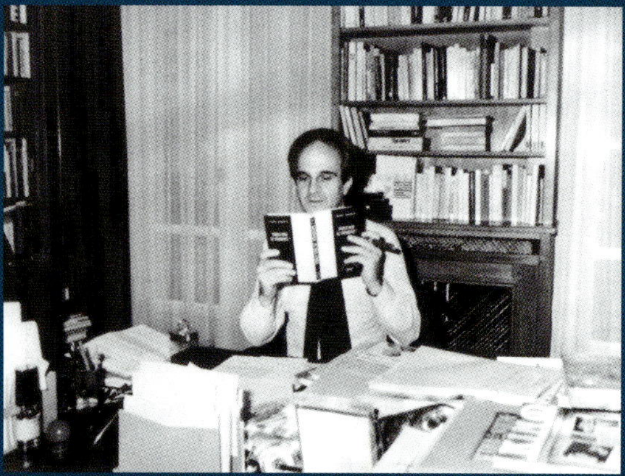

François Truffaut dans son bureau aux Films du Carrosse.

Troisième cas, celui des scénarios écrits à partir d'une matière littéraire considérée comme des documents. Ainsi *L'Histoire d'Adèle H.*, écrit à partir du journal intime d'Adèle et du travail de sa biographe, et *L'Enfant sauvage*, écrit à partir des carnets de travail du docteur Itard. Le passage du texte à l'écran dépasse alors l'intérêt documentaire : séduit par le style d'Adèle et d'Itard, Truffaut « préserve » des fragments du texte dans le commentaire en voix off.

Enfin, les deux films adaptés de Henri-Pierre Roché constituent un ensemble à part. *Jules et Jim*, et plus encore *Les Deux Anglaises et le Continent*, sont la réponse de Truffaut aux scénaristes de la Qualité française : pas tant des adaptations littéraires que des expériences du cinéma avec la littérature. Le texte dicte sa loi, suscite les formes de récit. C'est pour conserver le texte de Roché, qui lui semblait « impossible à transformer en dialogues ou trop beau pour se laisser amputer », que Truffaut invente le commentaire off neutre et surabondant de *Jules et Jim*, qui deviendra sa figure de style privilégiée. « Je préfère à l'adaptation classique, transformant de gré ou de force un livre en pièce de théâtre, une forme intermédiaire qui fait alterner dialogues et lecture à haute voix, qui correspond en quelque sorte au roman filmé. » Truffaut reprochait à Aurenche, Bost et consorts de dénaturer la littérature et le cinéma en les fondant dans le tiède compromis du théâtre psychologique. Son travail sur les textes de Roché relève de l'ambition contraire : conserver à chaque art sa spécificité, creuser l'écart au lieu de le réduire, élever la tension littérature-cinéma vers une émulation réciproque. C'est un des paradoxes de Truffaut : que ses rares audaces formelles de cinéaste lui aient été inspirées par l'admiration et le respect de formes littéraires.

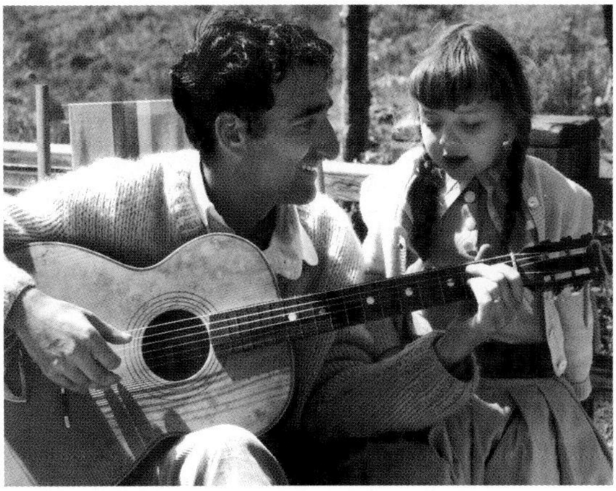

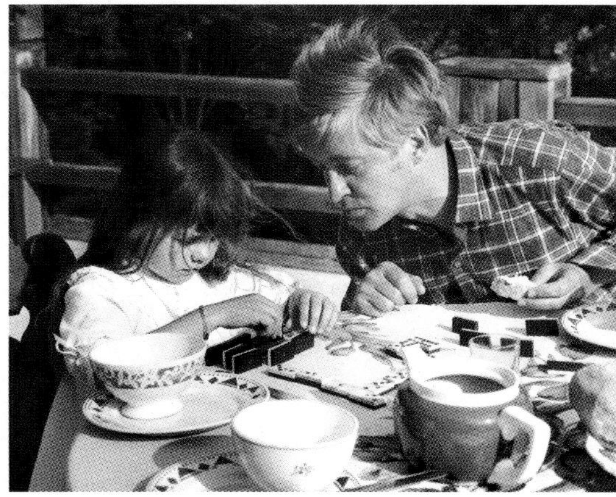

Sabine Haudepin avec Boris Bassiak et Oskar Werner dans *Jules et Jim*.

Jules l'Allemand, Jim le Français et Catherine vivent un « pur amour à trois » en marge de la société. Truffaut sait la difficulté du défi : « Faire un film subversif avec une douceur totale, sans agresser le public, au contraire en l'enveloppant de tendresse, en le forçant à accepter sur l'écran des situations qu'il aurait condamnées dans la vie. »

Il prend le parti, contraire à celui de *Tirez sur le pianiste*, d'une certaine sagesse formelle, tant pour faire passer l'audace du récit que pour respecter le style « invisible » de Roché. Apparaît dans *Jules et Jim* le commentaire à la Truffaut, qui emporte les plans et le récit dans une course tragique, tendue vers un terme inéluctable. Peu de films parviennent ainsi à faire sentir ensemble la palpitation au présent de la vie et la mélancolie d'un temps révolu, d'une histoire déjà passée. La beauté de *Jules et Jim* tient à cette alliance des contraires : hymne à la vie et danse des morts.

Pour Truffaut, c'est la consécration. L'accueil critique est excellent, celui du public satisfaisant compte tenu de l'interdiction aux moins de dix-huit ans. Il est couvert d'éloges par ses maîtres admirés. Renoir lui écrit une lettre magnifique, qu'il gardera longtemps dans la poche intérieure de son veston. Cocteau, qui a connu Roché, est bouleversé : « Pierre serait très heureux. » Mais le plus émouvant hommage lui vient d'une inconnue : « Je suis, à soixante-quinze ans, ce qui reste de Kathe, l'héroïne redoutable du roman d'Henri-Pierre Roché. [...] Quelle disposition en vous, quelle affinité a pu vous éclairer au point de rendre sensible l'essentiel de nos émotions intimes ? »

Tournage de *Jules et Jim*.

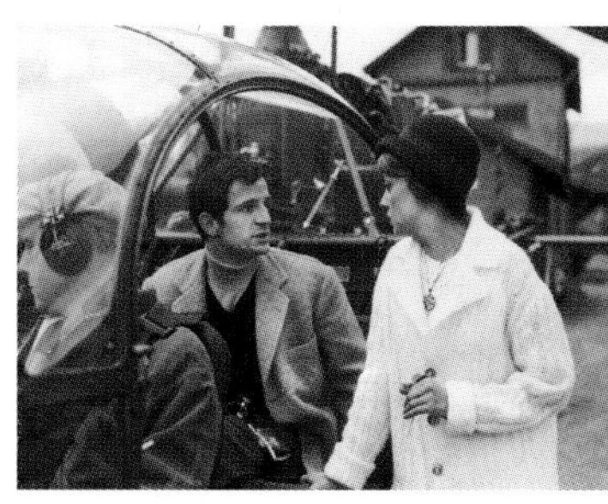

Truffaut dirige Léaud sur le tournage d'*Antoine et Colette*.

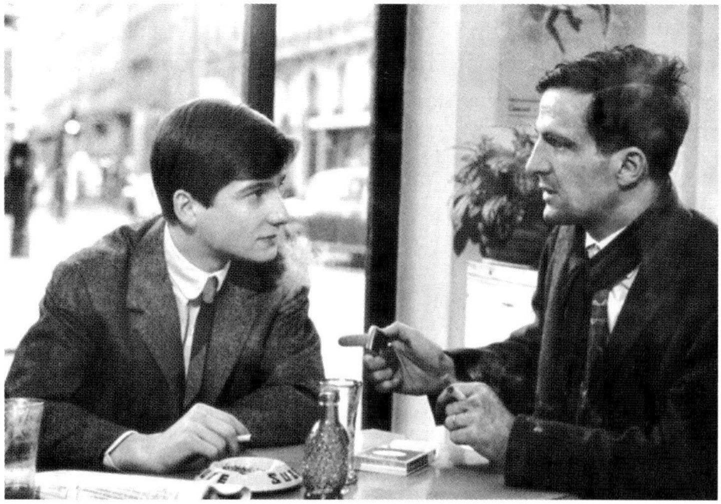

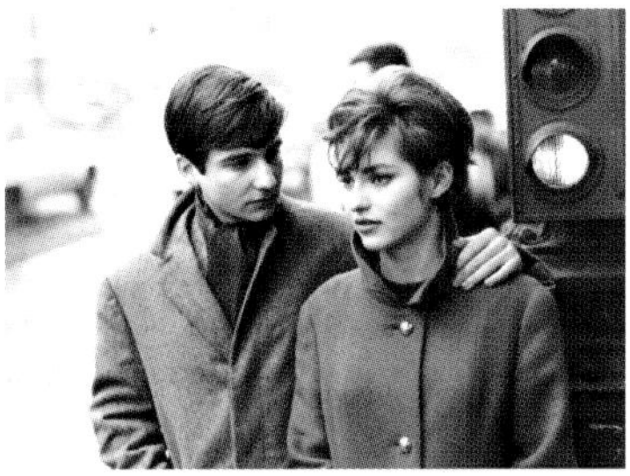

Antoine (Jean-Pierre Léaud) et Colette (Marie-France Pisier).

Nouvelle Vague, le reflux

Fort du succès de *Jules et Jim*, Truffaut apparaît en 1962 comme le seul rescapé d'une Nouvelle Vague en plein reflux. Au cinéma comme à la vie, les années qui suivent ne sont pas heureuses. Truffaut se replie sur ses propres projets, les amis des *Cahiers du cinéma* s'éloignent. Godard lui écrit : « On ne se voit plus jamais, c'est idiot. On est parti chacun sur sa planète, et on ne se voit plus en gros plan, comme avant, seulement en plan général. » Dans sa vie privée, Truffaut est déchiré entre le bonheur familial et son besoin d'aventures, qui lui fait multiplier les conquêtes éphémères. La vie de couple lui est à la fois indispensable et insupportable. Il profite d'une commande pour donner une suite aux *Quatre Cents Coups* et un rôle à Jean-Pierre Léaud, jeune homme instable qu'il élève et entretient comme un père. Dans *Antoine et Colette*, épisode du film à sketches *L'Amour à vingt ans*, Antoine Doinel tente de séduire une jeune fille, qui reste insensible à sa cour. La saga Doinel est lancée par ce court métrage alerte, inspiré de l'adolescence du cinéaste. Colette est interprétée par Marie-France Pisier, dont Truffaut tombe amoureux. Il quitte le domicile conjugal pour une escapade de courte durée, dont son couple ne se remettra pas.

Les années Hitchcock

Pour Truffaut, la conquête des États-Unis est un enjeu essentiel, commercial et affectif. C'est le pays de ses maîtres hollywoodiens, dont l'admiration et la reconnaissance comptent par-dessus tout. Truffaut entretiendra toute sa vie un lien fort avec les États-Unis. Il fait à New York la rencontre d'Helen Scott, qui devient vite son amie et confidente, son cheval de Troie dans un pays et une culture dont, à son désespoir, il n'arrivera jamais à parler la langue. Helen Scott l'aide à mener à bien un de ses projets les plus chers : celui d'un livre d'entretiens avec Alfred Hitchcock dont elle sera l'interprète. Après s'être battu dans les années cinquante pour prouver aux cinéphiles français le génie du « plus gros menteur du monde », Truffaut est sidéré par l'aveuglement des Américains, qui ne voient en l'auteur de *Psychose* qu'un « maître du suspense » habile et cynique. Avant tout destiné à « modifier l'idée que les Américains se font de Hitchcock », le livre sera publié dans deux versions, française et anglaise. Helen Scott met les deux cinéastes en contact. Pour le convaincre, Truffaut lui écrit une longue lettre ponctuée d'un éloge qui résume brillamment tant l'ambition de l'élève que le talent du maître[7]. L'élaboration du livre prendra trois ans, vécus sous l'influence et l'aiguillon d'Hitchcock, dont les trois prochains films de Truffaut porteront l'empreinte. À sa sortie en 1966, le « Hitchbook » est un triomphe public dont Truffaut est très fier, et la reconnaissance d'Hitchcock consolide leur amitié. Jusqu'à la mort de l'aîné en 1980, les deux hommes échangeront lettres complices et conseils sur les scénarios en cours, Truffaut multipliera textes, préfaces et hommages. Si Hitchcock est enfin reconnu comme un artiste en Amérique, c'est grâce au Français.

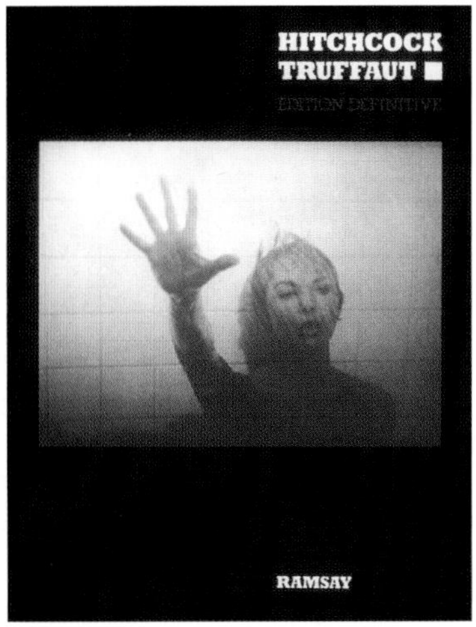

Couverture de *Hitchcock-Truffaut*.

7. « Si, du jour au lendemain, le cinéma devait à nouveau se priver de toute bande sonore et redevenir un art muet, bien des metteurs en scène seraient condamnés au chômage, mais parmi les rescapés il y aurait Alfred Hitchcock dont tout le monde comprendrait enfin qu'il est le meilleur metteur en scène au monde » (lettre du 2 juin 1962, archives des Films du Carrosse).

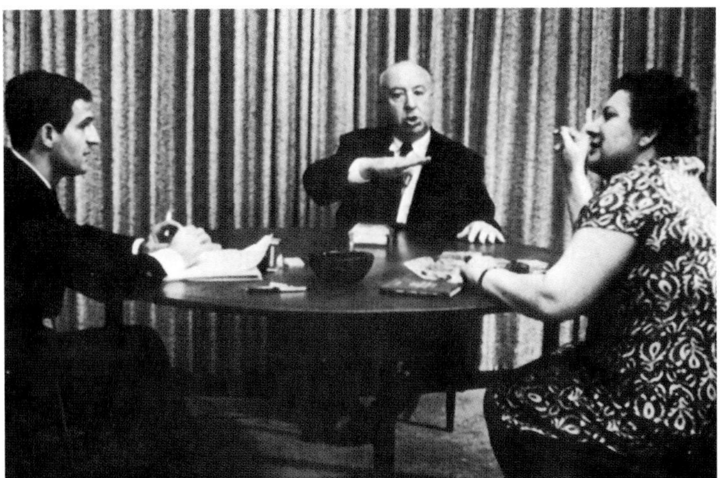

François Truffaut, Alfred Hitchcock et Helen Scott lors des célèbres entretiens.

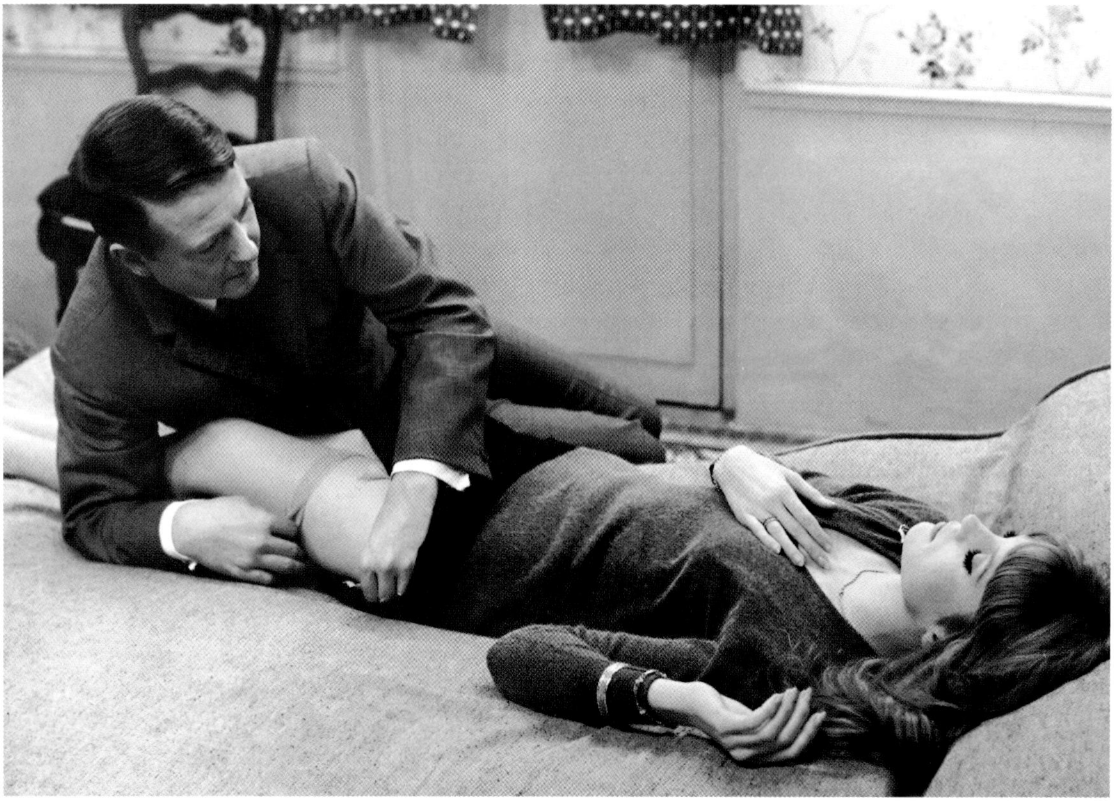

Fétichisme des bas de soie (Jean Desailly et Françoise Dorléac dans *La Peau douce*).

Jalouse et meurtrière (Nelly Benedetti dans *La Peau douce*).

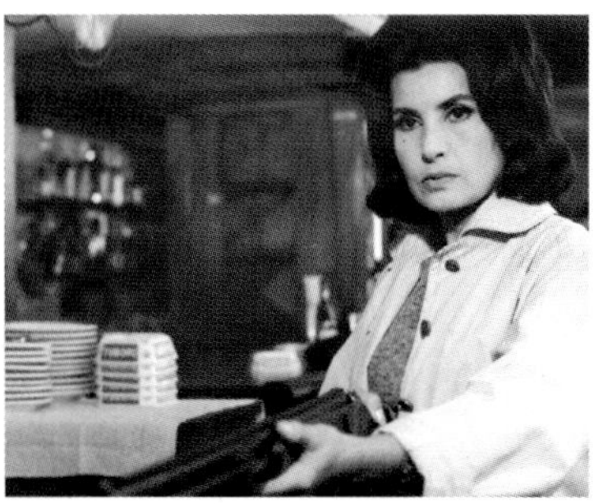

L'angoisse du couple

Truffaut décide à l'été 1963 de réaliser dans l'urgence un nouveau film, « indécent, complètement impudique, assez triste mais très simple. Ce sera vite écrit, vite tourné, vite sorti et, j'espère, vite amorti ». Le scénario de *La Peau douce* s'appuie sur plusieurs faits divers – avec les livres et sa propre vie, la troisième source d'inspiration d'un cinéaste qui avoue son peu d'imagination, son besoin de s'appuyer sur un matériau préexistant. Le 26 juin 1963, Nicole Gérard a tué son mari infidèle de deux coups de fusil de chasse, dans un restaurant de la rue de la Huchette à Paris. Truffaut part de cette issue tragique mais nourrit le récit de ses obsessions érotiques et de détails autobiographiques. Autopsie d'un couple, drame de l'adultère, *La Peau douce* est un film désespéré, d'une noirceur absolue, qui traduit avec une sincérité glacée le malêtre de son auteur face à la reconnaissance, la routine bourgeoise et la vie conjugale. Pierre Lachenay, universitaire célèbre, spécialiste de Balzac, mène une vie tranquille avec sa femme et sa fille. Donnant une conférence à Lisbonne, il tombe fou amoureux de Nicole, une hôtesse de l'air. Truffaut décrit leur relation clandestine comme un engrenage glauque et angoissant, minée par la culpabilité et la maladresse de Lachenay. Une implacable descente vers un enfer programmé : Nicole quitte le mari adultère, sa femme le tue. *La Peau douce* n'est pas vite amorti : hué par le public imbécile de Cannes, incompris par la critique, qui confond le sujet et son traitement et parle d'embourgeoisement à propos du film le plus sec et le plus intransigeant de son auteur. Le succès viendra de l'étranger, notamment des pays scandinaves, sans doute plus à l'aise avec les vérités du couple que l'hypocrite société française. *La Peau douce* reste aujourd'hui un des meilleurs Truffaut, le plus épuré, dénué des ornementations fétichistes et sentimentales qui encombrent et diluent certains films. D'une fidélité plus secrète que toutes les imitations ou hommages proclamés, *La Peau douce* est un des films les plus hitchcockiens de l'histoire du cinéma. Truffaut a appris de son maître le secret de l'inquiétante étrangeté : dilater ou contracter le temps, centrer les visages et les objets, densifier le visible par un montage des regards qui diffuse dans la réalité banale une angoisse morbide.

Malgré l'échec commercial, Truffaut sort rasséréné de *La Peau douce*. L'admiration de Godard le touche : « J'ai revu ton film hier soir sur le grand écran de l'Olympe. Il était plus grand encore que l'écran. J'embrasse Françoise Dorléac. » Cela devient une habitude : le cinéaste est tombé amoureux de son actrice. Leur histoire d'amour se transforme vite en tendre amitié mais brise définitivement le ménage de Truffaut, qui quitte l'appartement familial à la demande de Madeleine et divorce.

François Truffaut avec Françoise Dorléac sur le tournage de *La Peau douce*.

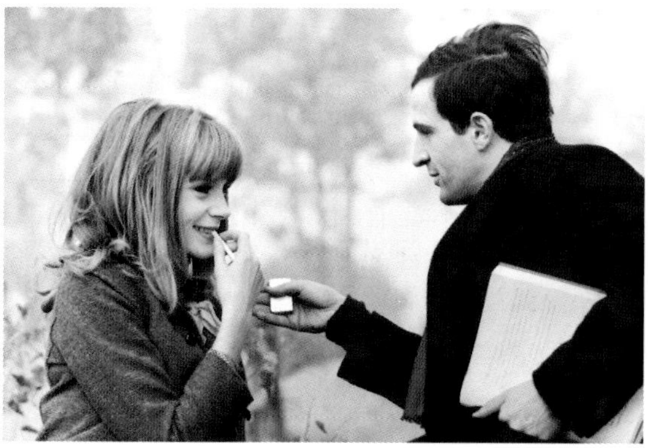

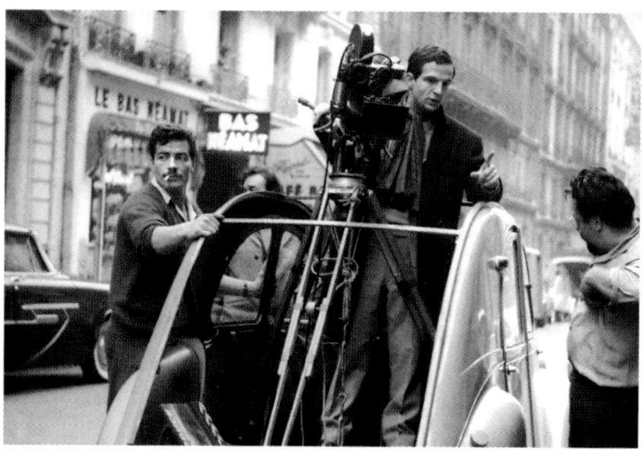

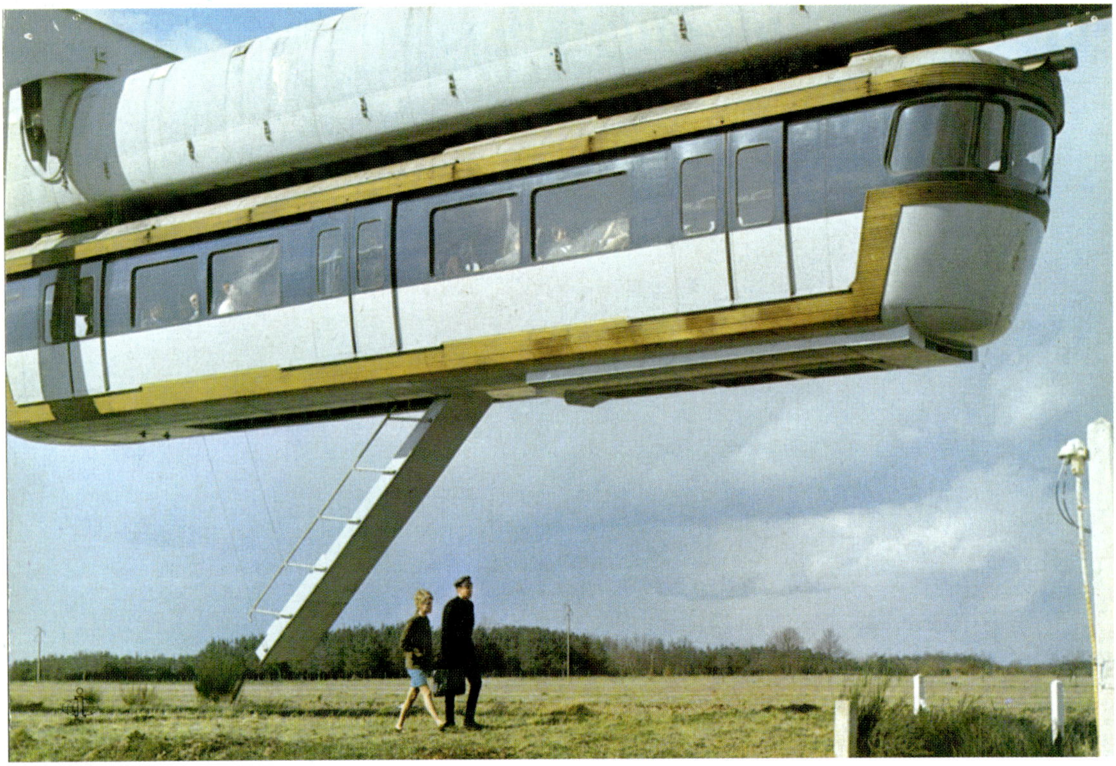

Julie Christie et Oskar Werner devant le monorail de science-fiction de *Fahrenheit 451*.

Les livres et la ruse

Depuis 1962, Truffaut travaille à une adaptation du roman de Ray Bradbury, *Fahrenheit 451*, conte philosophique sur une société totalitaire qui veut éradiquer la lecture au profit de l'abrutissement audiovisuel. C'est le récit d'une conversion, celle de Montag, membre d'une brigade de pompiers chargée de brûler les livres, et qui, sous l'influence d'une jolie voisine, finit par rejoindre les « hommes-livres », des résistants qui apprennent chacun un livre par cœur pour conserver la culture écrite du monde. Mais Truffaut a eu les pires difficultés à monter un film coûteux, qui nécessite une coproduction internationale. En janvier 1966, il peut enfin préparer le tournage de *Fahrenheit 451* aux studios Pinewood de Londres. Quatre ans d'attente, quatre scénaristes, une demi-douzaine de producteurs et une vingtaine d'acteurs pressentis : il aborde son film sans enthousiasme, lassé avant même de commencer. Seuls motifs d'excitation : réaliser son premier film en couleurs – Raoul Coutard fait des merveilles, notamment dans les rouges, très hitchcockiens – et faire jouer à Julie Christie le double rôle de la femme de Montag et de sa

Journal de *Fahrenheit 45*

Début 1966, Jean-Louis Comolli, rédacteur en chef des *Cahiers du cinéma*, propose à Truffaut de tenir un journal pendant la réalisation de *Fahrenheit 451*, qui sera publié dans la revue. Truffaut joue le jeu avec minutie et pédagogie, alterne descriptions du tournage et réflexions plus générales sur son métier. Extraits.

« Un scénario est quelque chose de positif, la promesse d'une œuvre, presque comme un roman. Dès le premier jour de tournage, un film devient une chose à sauver comme un navire en détresse. Il ne s'agit pas de tenir la barre mais de la redresser, sinon on s'achemine vers le navet. À cause du temps qui passe trop vite par rapport à la pensée, on peut également comparer le tournage au trajet d'un train emballé qui brûle les stations au point que l'on n'a même plus le temps de lire le nom des gares traversées. On fait du métrage, on fait du minutage, on "abat des numéros". De ce travail nerveux il ne peut sortir en aucun cas un chef-d'œuvre – qui exige d'abord le contrôle de tous les éléments – mais dans le meilleur des cas quelque chose de vivant. »

« Toute la journée, dans la salle de bains où Montag cache ses livres, où Linda les trouve, où tous deux se disputent. Je me suis aperçu aujourd'hui seulement que laisser des livres tomber hors du cadre est impossible dans ce film. Je dois accompagner leur chute jusqu'au sol. Les livres, ici, sont des personnages, et les couper dans leur trajet équivaut à décadrer la tête d'un comédien. Je sentais que plusieurs plans du film étaient ratés depuis le début et je comprends maintenant que c'était à cause de cela. »

« Nous attaquons la sixième semaine de tournage, nous sommes presque à la moitié du film, et comme je l'ai toujours fait à ce moment de mes autres tournages, je me livre à un examen de conscience qui donne à peu près : "Tu as bâclé, tu as été négligent, tu aurais pu mieux faire, maintenant, tu as devant toi la seconde moitié pour te rattraper, pour remonter la pente et sauver le film." »

« En voyant les rushes hier soir, je me suis aperçu d'une erreur grave. J'ai fait trop de mouvements d'appareil aux alentours de la caserne, et l'on ne distingue plus le décor, pourtant charmant. Les panoramiques rapetissent la rue et le tunnel, la voiture n'est pas assez en valeur, etc. La matinée s'est donc passée à tourner des plans fixes au 1,85 avec la voiture des pompiers entrant dans la caserne, sortant, tournant. »

« Le sujet des films influence les équipes. Pendant *Jules et Jim*, tout le monde s'était mis à jouer aux dominos, pendant *La Peau douce*, tout le monde trompait sa femme (ou son mari), et depuis le début de *Fahrenheit 451*, tout le monde s'est mis à lire. Il y a souvent des centaines de livres dans le décor, chacun en choisit un, et à certains moments on n'entend plus que le bruit des pages qu'on tourne. »

Journal de tournage de Fahrenheit 451 (1966),
Paris, Cahiers du cinéma, 2000.

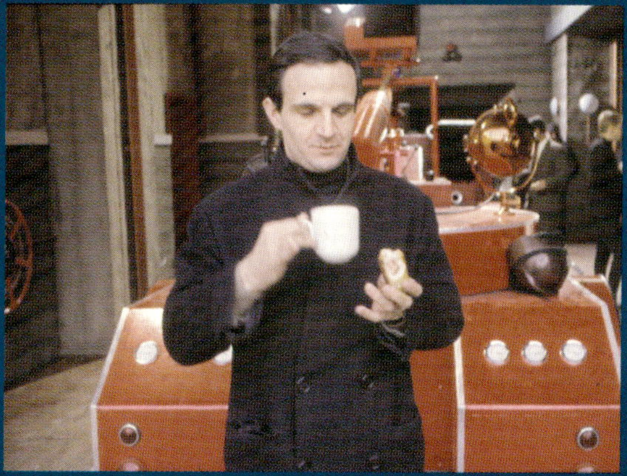

Le rouge est mis : dans la caserne des pompiers de *Fahrenheit 451*.

voisine résistante. Sa complicité amoureuse avec la jeune actrice anglaise compense sa rupture avec Oskar Werner, fâché d'être empêché de jouer au héros.

Truffaut garde de sa jeunesse une haine de l'héroïsme, un mépris des forts, auxquels il préférera toujours les faibles et les asociaux. Sa plus grande crainte, sur un sujet aussi intime que la censure des livres, est de faire un pensum solennel, un « film de gauche américain ». Danger contourné par une stylisation unique dans son œuvre.

Mal aimé de son auteur, sous-estimé par la critique, le « premier film de science-fiction français[8] » est un ovni solitaire dans l'histoire du cinéma national. Truffaut y démontre un talent plastique, une puissance d'imagerie qui font regretter qu'il n'ait pas insisté dans cette voie. La séquence finale, parmi les hommes-livres qui arpentent la forêt en récitant les œuvres apprises par cœur, annonce le Tarkovski de *Stalker* (1979). L'inconfort du tournage en studio et en anglais ne l'ont pas empêché de réaliser un film très personnel. De manière superficielle, en faisant défiler dans les flammes des autodafés un abrégé de sa bibliothèque intime : de Klossowski à Audiberti, en passant par un numéro des *Cahiers du cinéma* et une photo d'Anna Karina dans *La Religieuse*, le film de Rivette alors interdit par la censure gaulliste. Plus essentiellement, *Fahrenheit 451* est pour Truffaut une « apologie de la ruse ». « Ah bon ! Les livres sont interdits ? Très bien, on va les apprendre par cœur ! » « C'est la ruse suprême », dira-t-il en 1970.

8. C'était vrai à l'origine du projet. Mais *Alphaville*, de Godard, est sorti en 1965.

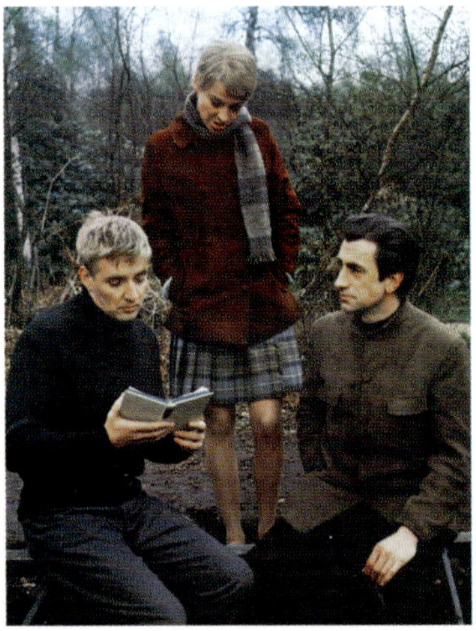

Les hommes-livres de *Fahrenheit 451*.

La fin d'un cycle

Pour redresser les finances du Carrosse, mises à mal par l'aventure *Fahrenheit*, Truffaut veut tourner au plus vite un petit film au budget modeste. Souhaitant offrir un rôle prestigieux à Jeanne Moreau, il adapte *La mariée était en noir*, polar américain de William Irish[9].

Truffaut voulait un film extravagant, irréaliste, une narration à la Hitchcock dans un conte de fées à la Cocteau. De tous ses films, *La mariée était en noir* est celui qu'il aimait le moins, le seul qu'il refusait de revoir. Douloureux ratage, qui tient selon lui à deux erreurs : ne pas avoir tourné en noir et blanc, la couleur freinant la stylisation et dissipant tout mystère, et avoir donné à Jeanne Moreau le rôle d'une « statue, d'une femme à la Cocteau », qui ne lui convenait pas. *La mariée était en noir*

9. Truffaut retrouvait Queneau chez Goodis, il voit du Cocteau chez Irish, « ce mélange de violence folklorique américaine, d'odeur d'hôpital et de prose poétique à la française ». Autre motif de fascination : les romans d'Irish ont inspiré quelques-uns de ses films préférés, *L'Homme-Léopard* de Jacques Tourneur (1943), *Les Mains qui tuent* de Robert Siodmak (1944), et surtout *Fenêtre sur cour* d'Alfred Hitchcock (1954).

marque pourtant une étape importante dans sa carrière : la première coproduction du Carrosse avec Les Artistes Associés (United Artists). Ce système de coproduction avec une major hollywoodienne va durer dix ans et lui permettre d'enchaîner les films avec une plus grande tranquillité financière.

Ainsi s'achève une série de films sous haute influence hitchcockienne. Période difficile pour Truffaut, ponctuée d'échecs sentimentaux, de déceptions professionnelles. À contre-courant de l'euphorie des *sixties*, il traîne une mélancolie tenace, aggravée par un drame intime à l'été 1967, pendant le tournage de *La mariée était en noir* : la mort dans un accident de voiture de Françoise Dorléac, sa plus tendre complice avec Jeanne Moreau. Brisé par cette perte, usé par des films qui lui laissent le sentiment d'avoir perdu le fil de sa nécessité profonde d'auteur, Truffaut a besoin d'un nouveau départ, d'un retour aux sources.

Il décide de ressusciter Antoine Doinel, de donner une suite aux aventures de son alter ego. Grâce à *Baisers volés*, 1968 sera l'année du rebond, de l'affirmation paradoxale d'un homme qui, trouvant une nouvelle jeunesse en se jetant dans la révolte, enfonce le clou d'un passéisme assumé.

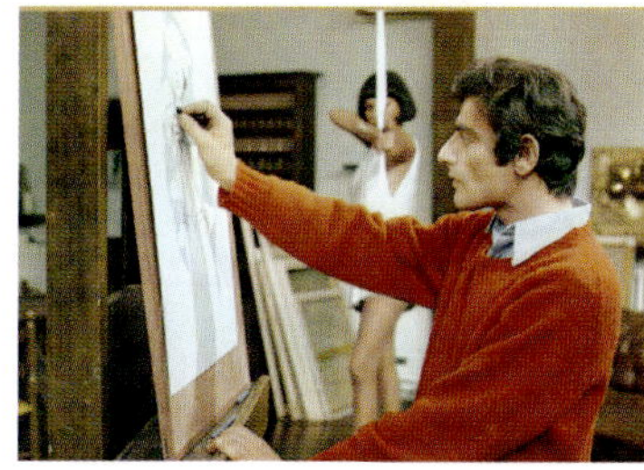

Le peintre (Charles Denner) et son fatal modèle (Jeanne Moreau) dans *La mariée était en noir.*

Serge Rousseau et Jeanne Moreau dans *La mariée était en noir.*

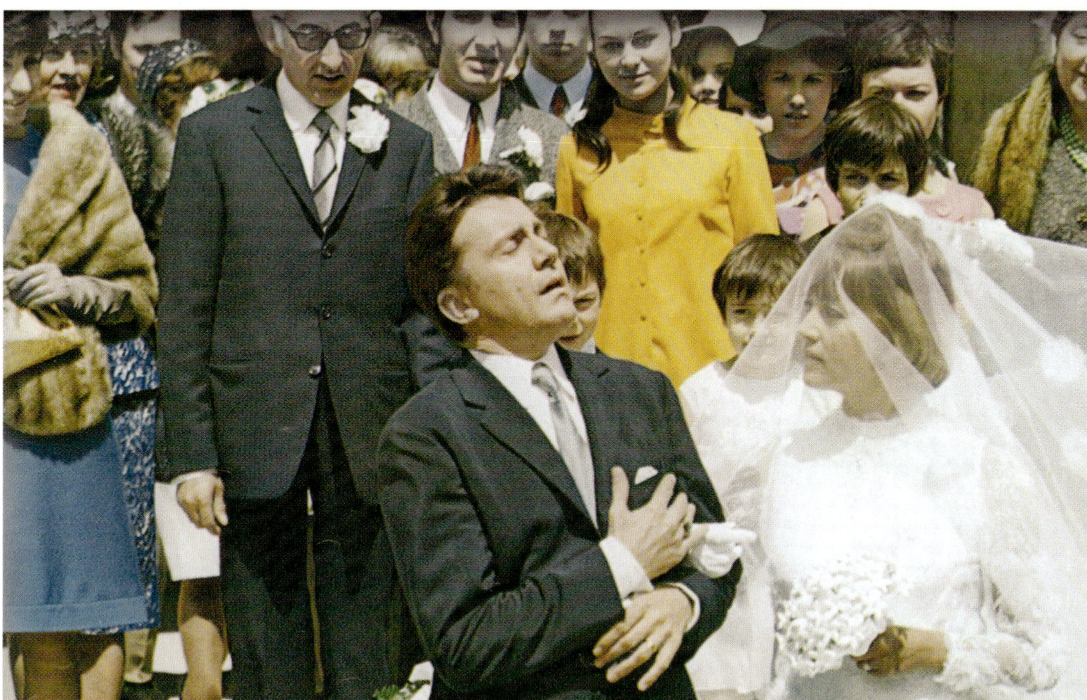

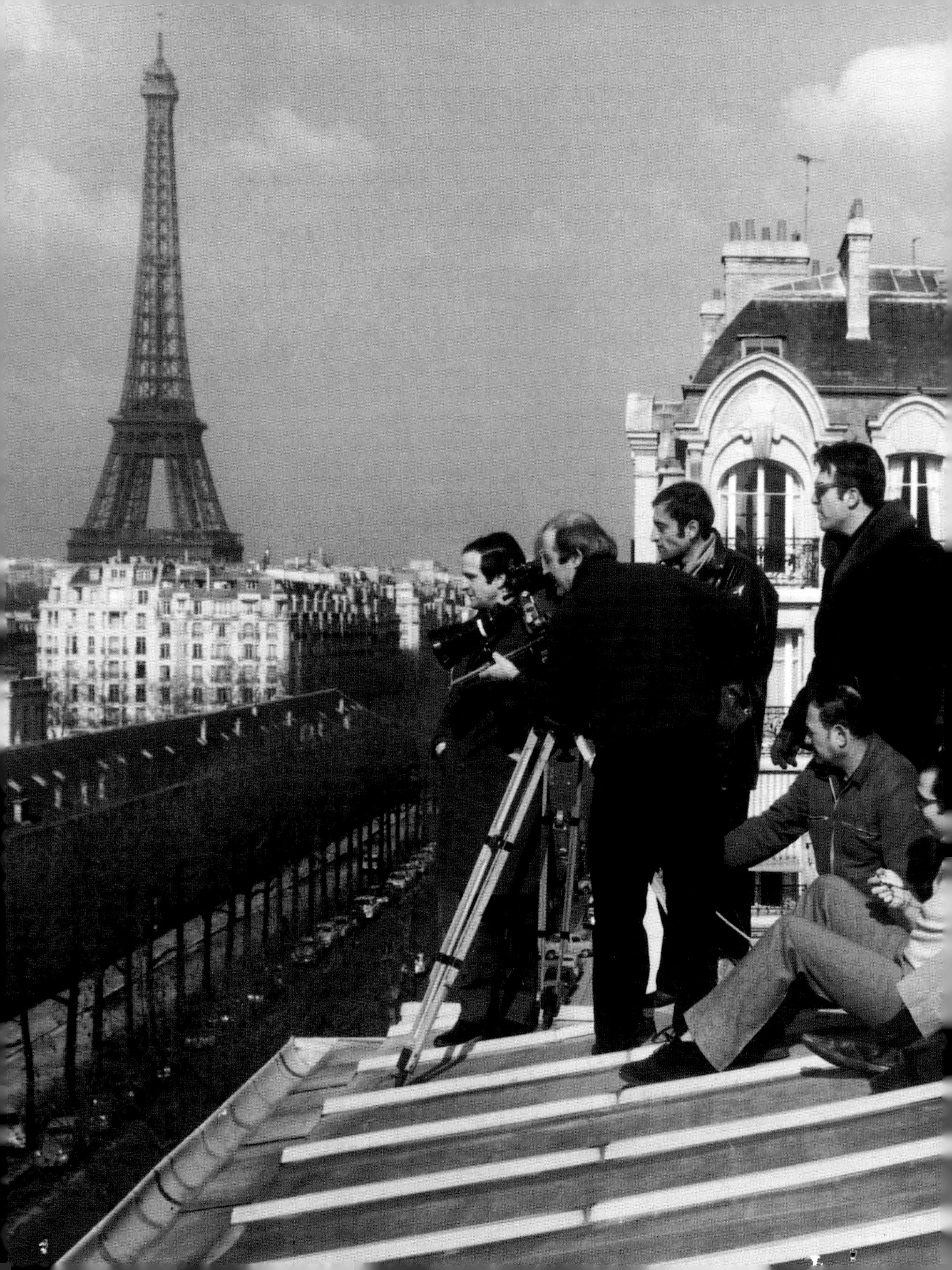

Le système Truffaut : succès, échecs et malentendus

De *Baisers volés* à *L'Amour en fuite*

1968, année nostalgique

Truffaut s'appuie sur ce qu'il sait être les bases de son talent et de son tempérament d'auteur : un réalisme à la Renoir, centré sur les petits événements du quotidien, sur des personnages authentiques et pleins de vie. Doinel a grandi, c'est un jeune adulte un peu marginal, mal adapté à la société. Tout juste réformé de l'armée, il trouve et perd un poste de gardien de nuit dans un hôtel, puis tente sa chance dans une agence de détectives privés. Le scénario, canevas lâche laissant une grande place à l'improvisation, mêle enquête sur le terrain et détails autobiographiques. Le cinéaste utilisera souvent cette méthode de « vérification par la vie » pour donner consistance et authenticité à ses souvenirs.

Le tournage de *Baisers volés* est une des périodes les plus excitantes de la vie de Truffaut, et des plus éclairantes quant à sa personnalité et sa trajectoire. Le 9 février 1968, quatre jours après le premier tour de manivelle, le nouveau président de la Cinémathèque française annonce le remplacement d'Henri Langlois par Pierre Barbin. Sombre manœuvre pilotée par André Malraux, contre laquelle s'organise une résistance dont Truffaut n'hésite pas à prendre la tête. Il partage son temps entre le tournage de *Baisers volés* et l'action militante, passant des coups de téléphone entre chaque prise pour mobiliser la presse étrangère et organiser le combat, affrontant la police aux premiers rangs des manifestations de soutien au fondateur de la Cinémathèque.

L'attitude de Truffaut pendant les événements de Mai résume sa relation complexe et contradictoire à la politique. Révolté par les atteintes aux libertés du pouvoir gaulliste, le

Page de gauche :

Tournage du début de *Baisers volés*.

cinéaste est meneur de l'insurrection, très minoritaire dans les milieux du cinéma, qui obtient de force l'interruption du Festival de Cannes et défile, pour la première fois de sa vie, dans la grande manifestation étudiante du 1er juin. Mais insensible au gauchisme et aux passions idéologiques du moment, il quitte les états généraux du cinéma, agacé par l'idéalisme creux et la confusion des débats, refuse d'adhérer à la Société des réalisateurs créée par ses amis Pierre Kast et Jacques Doniol-Valcroze. Il ne déviera jamais de cette ligne éthique instinctive : prompt à s'engager avec fièvre dans les combats qui le touchent – l'enfance maltraitée, le droit à l'insoumission de l'armée, la censure et la liberté d'expression –, rétif à tout engagement idéologique ou corporatiste, toute action qui ne soit guidée par une admiration ou une révolte intime[10].

Truffaut est conscient d'avoir réalisé un film à rebours de l'esprit du temps. *Baisers volés* remplit les caisses du Carrosse mais amorce aux yeux du public, de la critique et des anciens amis un malentendu qui ne cessera de croître. Truffaut passe pour un rebelle assagi, un gentil cinéaste refusant les excès modernes et les modes, brillant continuateur du « cinéma d'autrefois ». *Baisers volés* leur donne assurément raison, d'autant que Truffaut revendique son antimodernisme : « Moi je suis nostalgique, totalement tourné vers le passé. Je travaille sur mon passé ou celui des autres. Je n'ai pas d'antenne pour ce qui est moderne. Je ne marche que par sensations, par choses déjà éprouvées. »

10. Plus tard, Truffaut rejoindra Sartre pour vendre dans la rue *La Cause du peuple*, journal maoïste interdit par le pouvoir pompidolien, mais demandera à ce que son nom soit retiré du comité de rédaction des *Cahiers du cinéma*, dont il désapprouve le virage… maoïste.

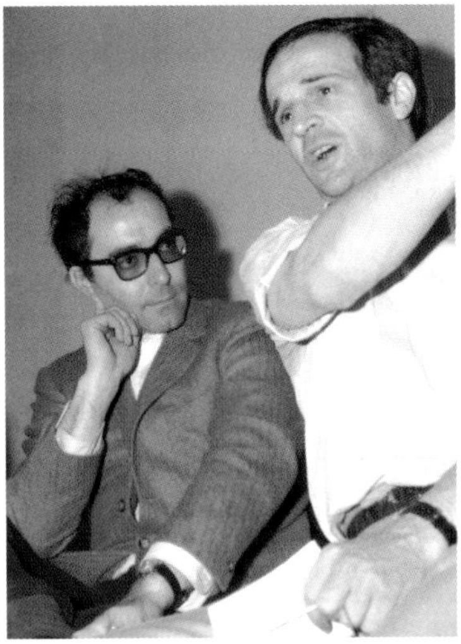

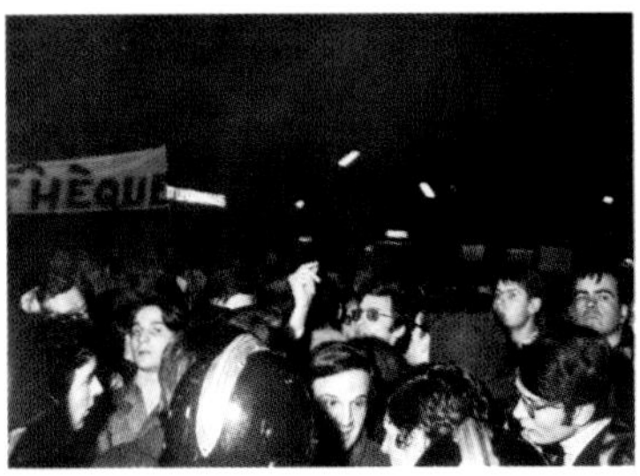

De haut en bas :

Avec Jean-Luc Godard au Festival de Cannes en mai 1968 ; manifestation de soutien à Henri Langlois.

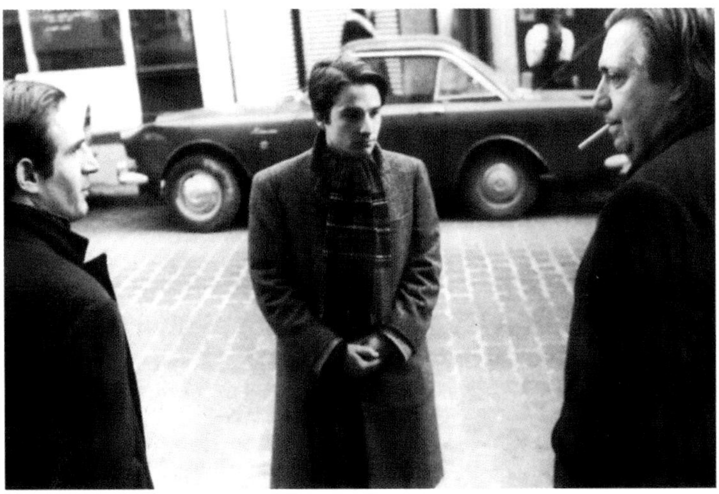

Avec Jean-Pierre Léaud et Henri Langlois sur le tournage de *Baisers volés*.

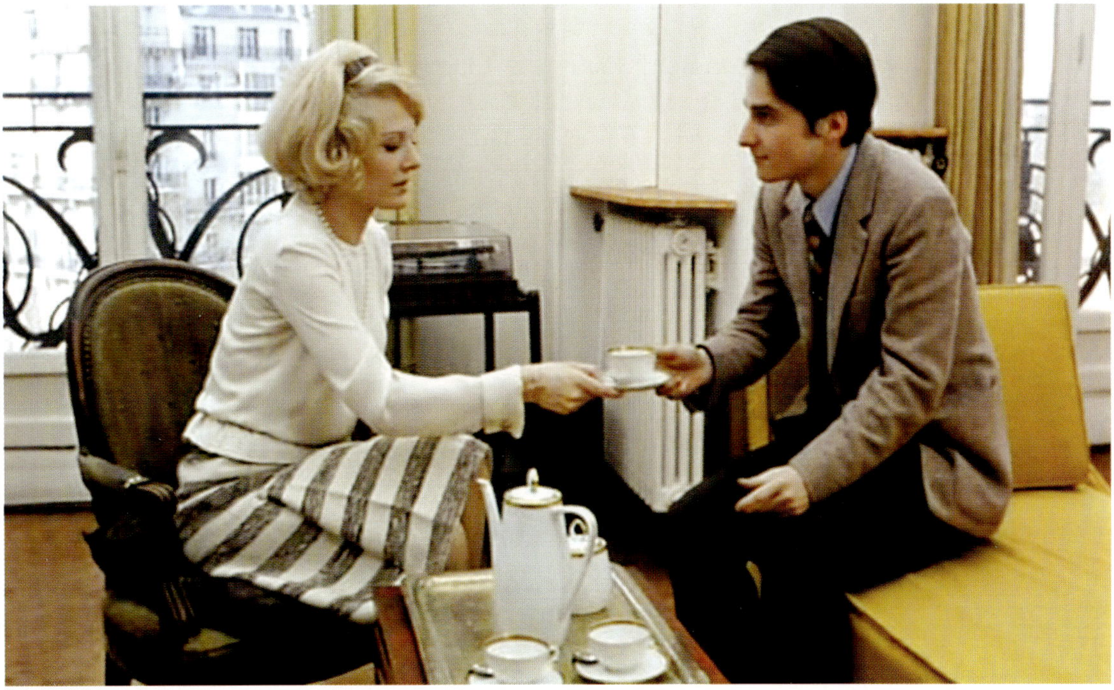

Madame Tabard (Delphine Seyrig) subjugue Antoine (Jean-Pierre Léaud) dans *Baisers volés*.

En 1968, Godard réalise *One + One* avec les Rolling Stones et les Black Panthers : rock et révolution. Truffaut ouvre *Baisers volés* par une rengaine nostalgique de Charles Trenet, ode au passé perdu. Jusqu'à ce film, son cinéma restait dans le sillage d'une modernité qu'il avait contribué à imposer – modernité discrète, sage, sous l'influence des maîtres. *Baisers volés* marque un retour surprenant à la tradition française du vaudeville populaire, porté par des numéros d'acteurs répartis entre premiers et seconds rôles pittoresques ou truculents. Ici, Michael Lonsdale et Delphine Seyrig composent des personnages inoubliables, qui font beaucoup pour le charme du film.

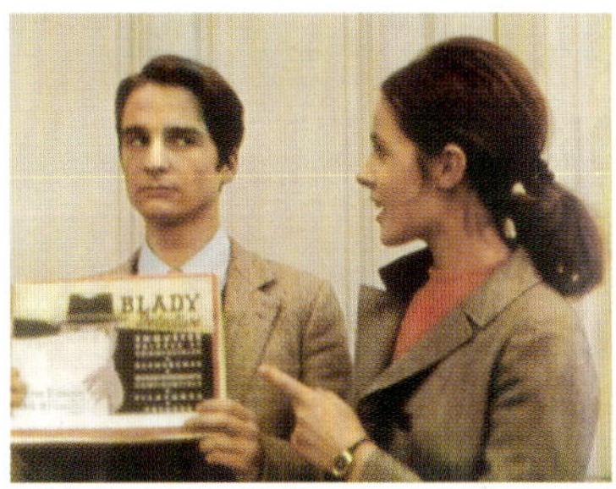

Doinel détective privé, avec Christine (Claude Jade) dans *Baisers volés*.

Une sirène incomprise

Le succès inattendu de *Baisers volés* autorise Les Films du Carrosse à monter avec Les Artistes Associés leur plus grosse production à ce jour : *La Sirène du Mississippi*, seconde adaptation d'un roman d'Irish. Lassé des triangles amoureux, Truffaut trouve dans ce récit d'une passion déguisé en roman noir l'occasion de se focaliser sur un couple. Il exige deux acteurs : Catherine Deneuve, qui le fascine, et Jean-Paul Belmondo, « l'acteur le plus complet d'Europe » à ses

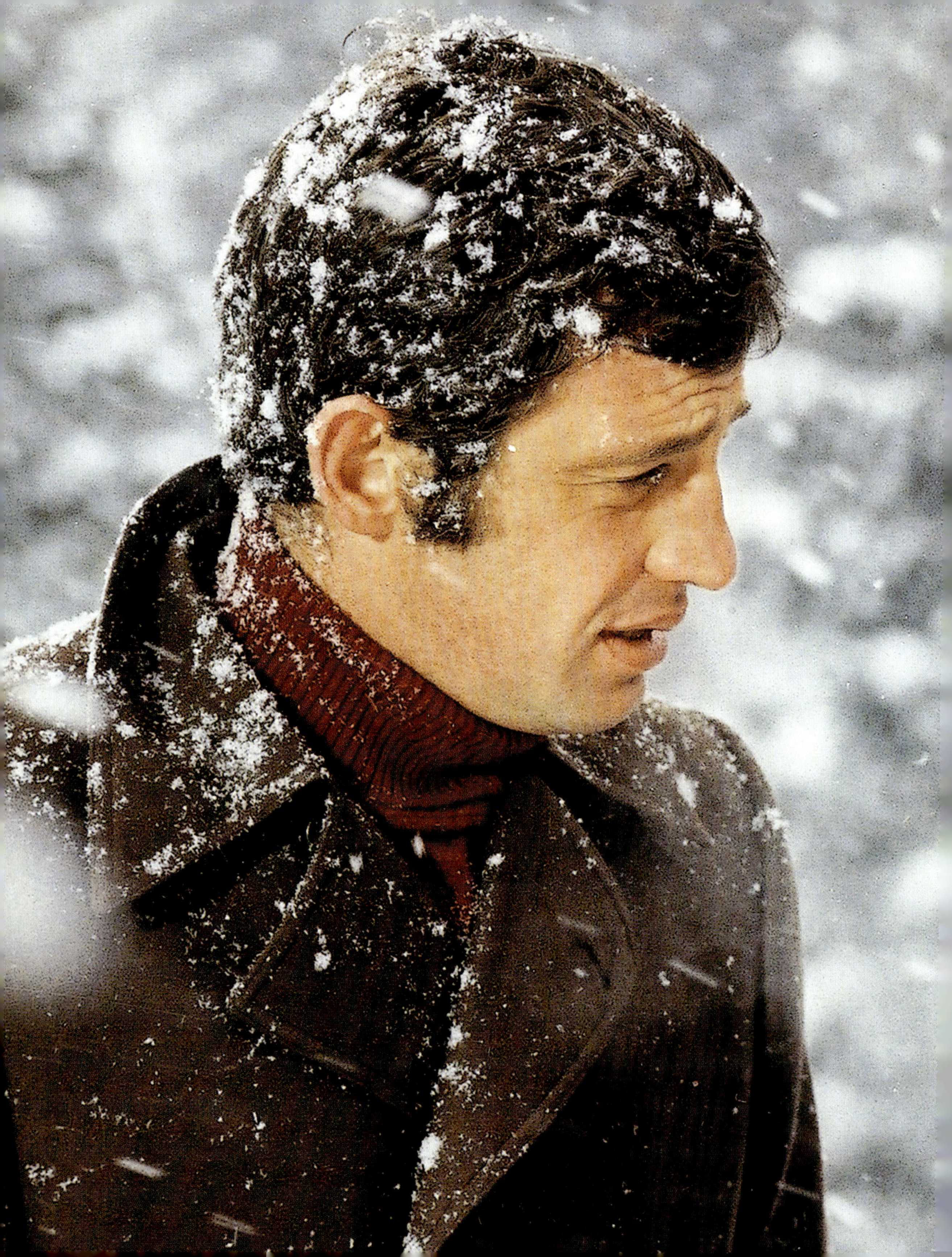

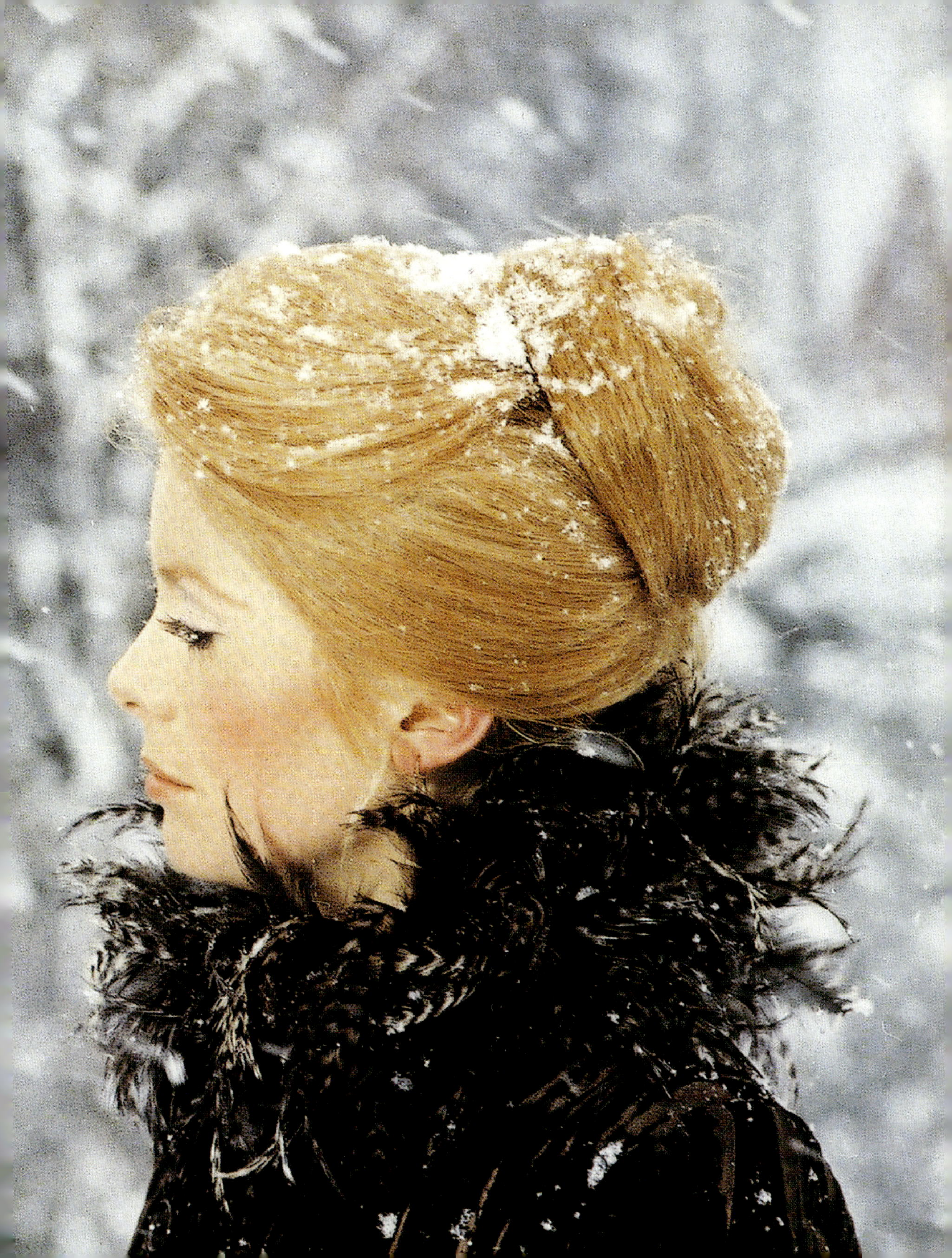

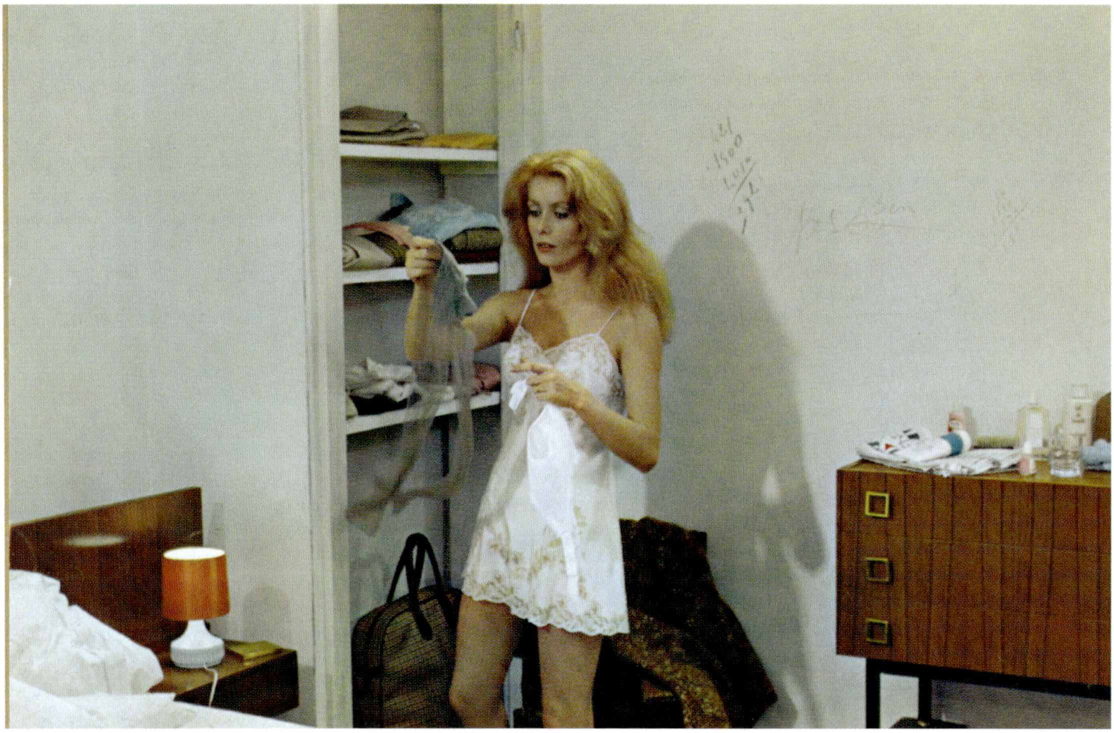

Pages précédentes :
La passion sous la neige
(Jean-Paul Belmondo et Catherine Deneuve dans *La Sirène du Mississippi*).

Ci-dessus et ci-dessous :
Julie ou Marion ? L'amour ou la mort ?
(Catherine Deneuve et Jean-Paul Belmondo dans *La Sirène du Mississippi.*)

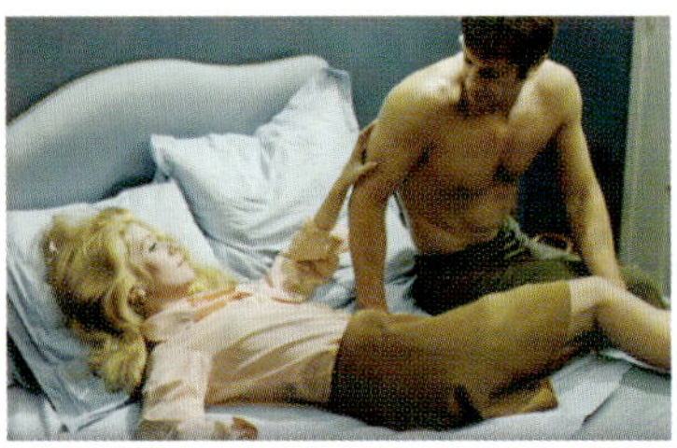

yeux, synthèse improbable de Gabin et Léaud, de tradition et de modernité. Le film, qui s'ouvre par une séquence de *La Marseillaise* (1937), est dédié à Renoir.

Aujourd'hui encore, *La Sirène du Mississippi* reste le film le plus incompris et sous-estimé de son auteur. C'est pourtant le plus bel exemple de son art de la ruse et de la contrebande. Sous couvert d'un roman-photo avec stars et paysages exotiques, Truffaut réalise un film d'amour au romantisme échevelé, qui s'aventure sur le fil du ridicule sans en tomber. La crudité sexuelle expose les stars sous une lumière nouvelle : la chair et ses blessures déchirent le papier glacé. Lucide, il analyse ainsi l'incompréhension : « J'ai cherché à introduire, dans une même séquence, à la fois un "cliché" et une émotion ; les spectateurs ont vu surtout les "clichés", ils ont moins perçu la sincérité. [...] Qu'à mi-chemin du sérieux et du pastiche puisse se tirer une émotion juste, c'est, pour l'esprit français, quelque chose de très difficile à concevoir. » Si Truffaut est moderne, c'est par cette manière très personnelle de jouer sérieusement avec l'héritage hollywoodien, dans ce mélange de distance ironique et de crudité tragique, qui fait la beauté lyrique de *Tirez sur le pianiste* et de *La Sirène du Mississippi*.

Truffaut et les acteurs

Le travail de et avec l'acteur est au cœur du cinéma de Truffaut. Quant d'autres cinéastes aiment manipuler les comédiens ou jouer des rapports de force, il instaurait une relation de confiance, une collaboration respectueuse et transparente. La seule difficulté, pour les acteurs, consistait à apprendre des dialogues souvent écrits ou modifiés à la dernière minute. En dehors des collaborateurs du Carrosse, à qui Truffaut aimait confier des rôles secondaires, il ne faisait appel qu'à des comédiens professionnels, dont la plupart apparaissent au moins deux fois dans son œuvre. Il l'explique ainsi : « Je trouve qu'on travaille mieux avec les gens qu'on a déjà dirigés. Ce n'est pas tellement au tournage qu'on découvre un acteur, c'est sur la table de montage. Donc, je crois obtenir mieux quand je travaille avec un acteur pour la deuxième fois, c'est-à-dire quand je l'ai regardé pendant des semaines sur la table de montage. »

« Dans *La Sirène du Mississippi*, raconte Catherine Deneuve (citée dans *Le Roman de François Truffaut*), j'avais des réticences. Je disais tout le temps : "Dans la vie on ne fait pas comme ça." Et lui répondait : "Mais la vie n'est pas le cinéma, et le cinéma n'est pas la vie. En une heure et demie, on ne raconte que les événements importants et intéressants. C'est beaucoup plus fort et ça va plus vite." J'avais tendance à lui dire : "Ça je ne le sens pas." Il me répondait : "Il ne suffit pas de sentir. Si on veut faire des films réalistes, il n'y a qu'à prendre des gens dans la rue." Si on prend des acteurs, c'est pour leur demander de faire des choses qu'on ne fait pas dans la vie. Les acteurs ont souvent des réticences parce qu'ils ont peur d'être ridicules ou qu'ils n'ont pas l'image de ce qu'ils sont en train de faire. Truffaut obligeait beaucoup les acteurs à styliser. Par exemple, les fins de scènes devaient être ponctuées de manière précise. Il disait : "Il faut remplir l'écran, il faut avoir des gestes plus amples, ne pas avorter les mouvements." [...]

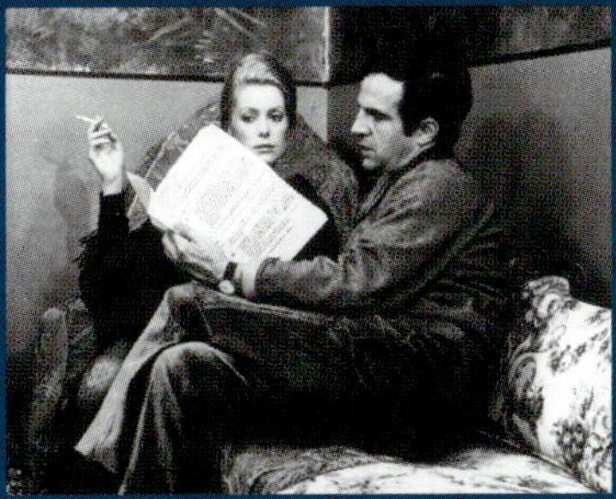
Tournage de *La Sirène du Mississippi*.

Il savait très bien parler à chacun individuellement, selon sa personnalité. Il n'avait pas le même ton, les mêmes mots selon l'acteur. Je ne l'ai jamais vu dire des choses importantes à un acteur devant d'autres acteurs. Je ne l'ai jamais vu dire "Coupez !" devant tout le monde quand l'acteur était mauvais, ce qui met l'acteur dans un état épouvantable, et François était un des rares à avoir de la psychologie sur ce plan. Quand on répétait, c'était un luxe supplémentaire. Parce qu'il y avait une lecture très précise du rôle avec lui avant le tournage, pour chaque acteur en particulier. »

Gérard Depardieu décrit ainsi la direction d'acteurs selon Truffaut : « On avait ce même langage, cette passion de ce qu'est un champ, un cadre et comment on l'habite. La lumière est une protection, c'est plus fort parfois qu'un texte. Un bon angle, un bon cadre, peuvent être plus importants que ce qu'on a à dire dedans. François, c'était sa septième dimension. Il mettait les acteurs en confiance à l'intérieur de leur propre espace. Et il a été souvent de l'autre côté de la caméra, il a été au front, il n'y avait pas de séparation. »

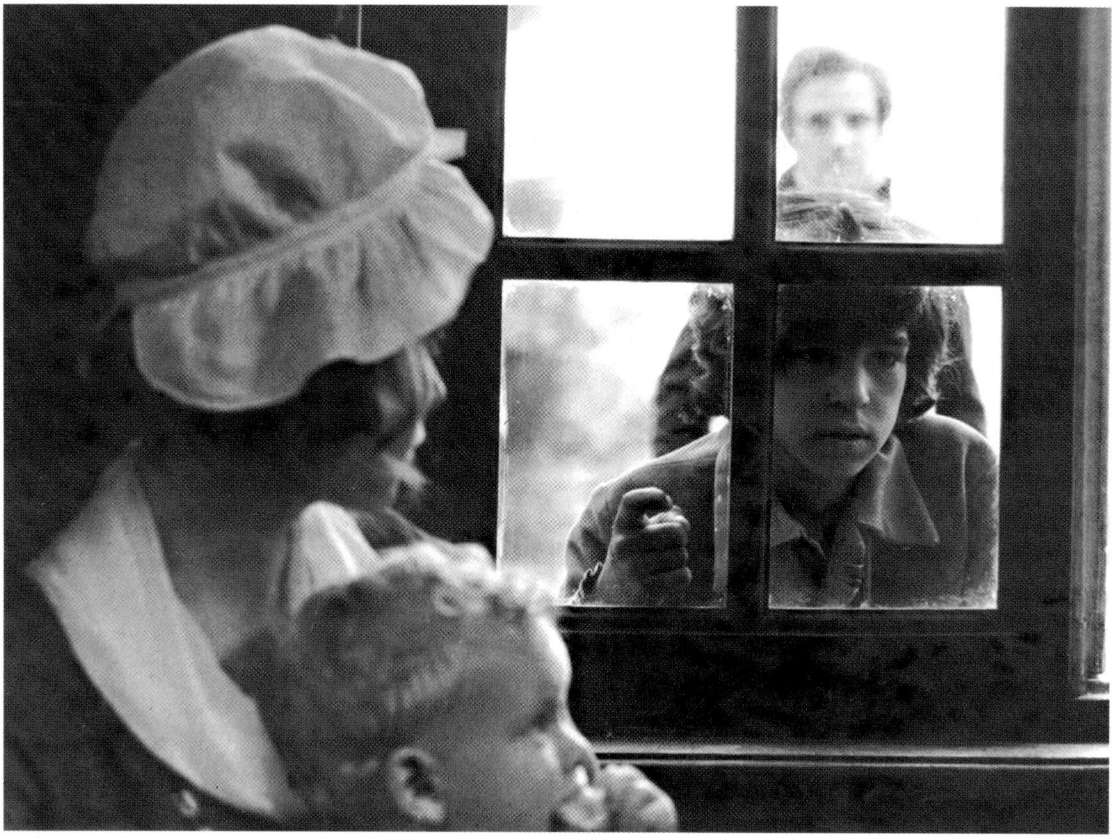

Dedans / dehors, l'art du surcadrage (Jean-Pierre Cargol dans *L'Enfant sauvage*).

L'Enfant sauvage, épure préclassique : Truffaut et le muet

Truffaut n'a pas le temps de se soucier de l'échec. « L'homme le plus heureux de la Terre » vit avec Catherine Deneuve l'une des grandes passions de son existence. Sa nouvelle méthode d'écriture avec ses scénaristes, qui travaillent simultanément sur plusieurs scripts, et le soutien des Artistes Associés lui permettent d'enchaîner les projets. Lorsque sort *La Sirène du Mississippi*, il commence le tournage d'un « petit film » au sujet peu commercial, que la major hollywoodienne n'a accepté de coproduire qu'en comptant sur les bénéfices du précédent. L'inverse se produira : le succès imprévu de *L'Enfant sauvage* amortira les pertes de *La Sirène du Mississippi*.

Truffaut aborde un sujet qui lui tient particulièrement à cœur : l'enfance maltraitée. Découvert par des chasseurs en 1798 dans l'Aveyron, Victor est pris en charge par le docteur Itard qui, refusant d'accréditer la thèse de son idiotie, entreprend de le civiliser. Le récit se concentre sur la relation entre

Victor et Itard, sur les exercices par lesquels le docteur tente de communiquer avec l'enfant, de l'éveiller à la vie en société. Truffaut décide d'incarner lui-même le docteur Itard : passer à l'intérieur du cadre, c'est assumer son intimité avec le personnage et ses efforts, s'engager dans un film dont les enjeux dépassent le cinéma, et surtout supprimer tout intermédiaire entre lui et l'enfant.

Aucun film de Truffaut ne laisse une telle impression de plénitude maîtrisée, de perfection sereine et optimiste. La critique est unanimement élogieuse, c'est un triomphe public, en France et à l'étranger. Pourtant, un certain malentendu persiste, comme en témoigne ce jugement critique qui résume le sentiment dominant : « Ouvertures et fermetures à l'iris, superbe image en noir et blanc de Nestor Almendros[11] … *L'Enfant sauvage* retrouve le grand cinéma classique français. » Ce film confirmerait-il le retour de Truffaut dans le rang de la tradition ? C'est au contraire l'un des plus fidèles à son ambition première : retrouver la vigueur et l'évidence d'un cinéma primitif, préclassique. Les trucages à l'iris, qui

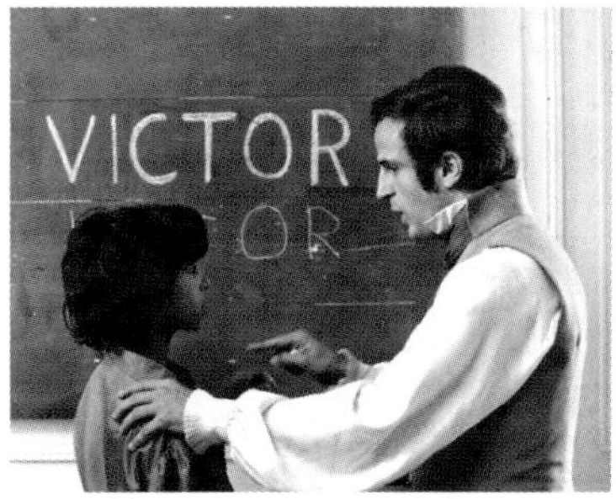

Écrire, nommer (Jean-Pierre Cargol et François Truffaut dans *L'Enfant sauvage*).

11. Souhaitant tourner en noir et blanc, Truffaut a fait appel à Nestor Almendros, le directeur de la photographie de *Ma nuit chez Maud* d'Éric Rohmer (1969), dont la lumière l'a impressionné. C'est le début d'une collaboration et d'une amitié qui dureront jusqu'au dernier film du cinéaste.

Avec *L'Enfant sauvage*, François Truffaut retrouve la fraîcheur du cinéma muet.

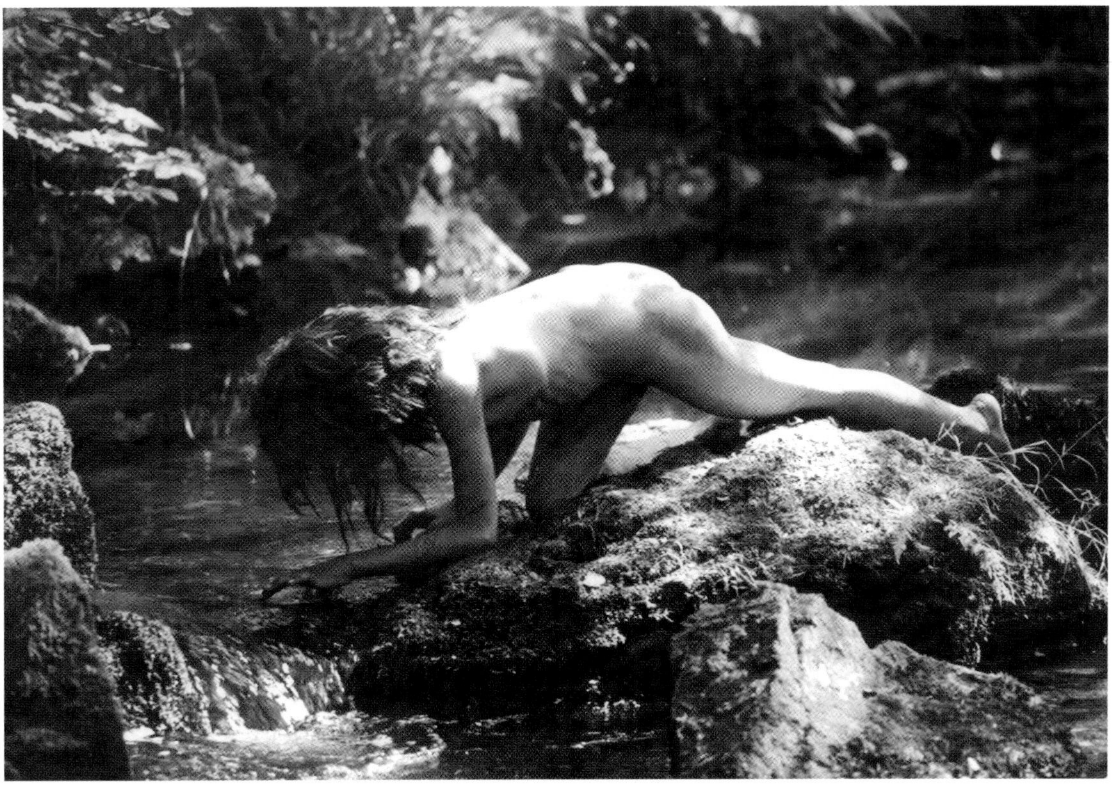

font leur apparition dans son œuvre, font signe vers le cinéma muet de David Wark Griffith et Victor Sjöström.

Si *L'Enfant sauvage* relève d'un classicisme, c'est celui du dix-huitième siècle rationaliste, et non celui de Marcel Carné. Par ce retour aux origines, ce film est l'un des plus modernes de l'œuvre, à l'opposé de la tradition française du parlant. Il tient sa rigueur d'un refus net de toute psychologie, au profit d'une stricte observation extérieure des gestes et des comportements. Truffaut conserve le texte des comptes rendus scientifiques du docteur Itard. Sa voix, qui passe du dialogue au commentaire off d'un même ton neutre et régulier, a la précision appliquée d'une main traçant des mots sur la page blanche. Le récit d'un éveil est aussi celui de l'écriture d'un livre. Truffaut est à son meilleur à chaque fois qu'il s'approche ainsi de sa nécessité d'auteur la plus intime : le rêve d'une fusion de la littérature et du cinéma, le fantasme du film-livre.

Succès et malentendus : Truffaut à contre-courant

Avant même la sortie de *L'Enfant sauvage* en février 1970, Truffaut a déjà commencé le tournage de son prochain film. Il a trouvé son rythme, une organisation millimétrée du travail qui ne laisse aucune place à l'imprévu dans son emploi du temps. Cette plongée vertigineuse dans le travail, cette planification maniaque de la vie répondent à deux nécessités. Celle du chef d'entreprise, rassuré d'avoir plusieurs films en chantier, de donner du boulot à la petite équipe de fidèles autour du Carrosse. Celle aussi du mélancolique angoissé, qui ne trouve son équilibre que dans le travail, sur les tournages : le cinéma passe avant toute vie personnelle.

Sur le tournage de *Domicile conjugal*.

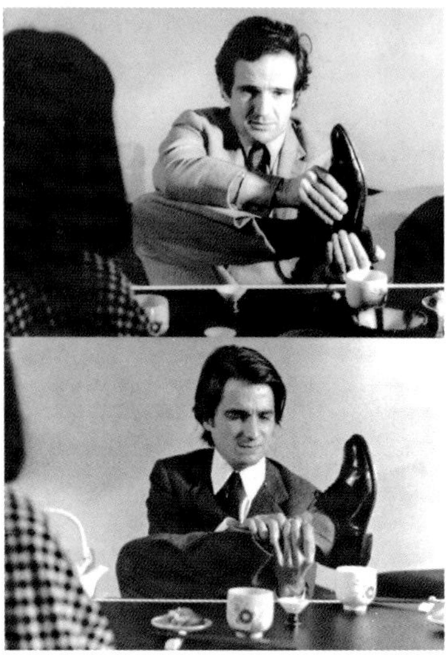

Domicile conjugal prolonge la saga Doinel : joies et difficultés de la vie de couple, adultère, séparation. Mais le charme est rompu, Truffaut ne retrouve pas la grâce de *Baisers volés*. Aujourd'hui, le film apparaît convenu et vieillot, figé malgré la vitesse, plombé par des dialogues et des situations mécaniques. À force de ne pas chercher à « être de son temps », Truffaut finit par donner raison à ses détracteurs. *Domicile conjugal* est un « film-mayonnaise », l'application maladroite d'une vieille recette. L'auteur cède à la tentation des « bons mots » ponctuant les numéros d'acteurs.

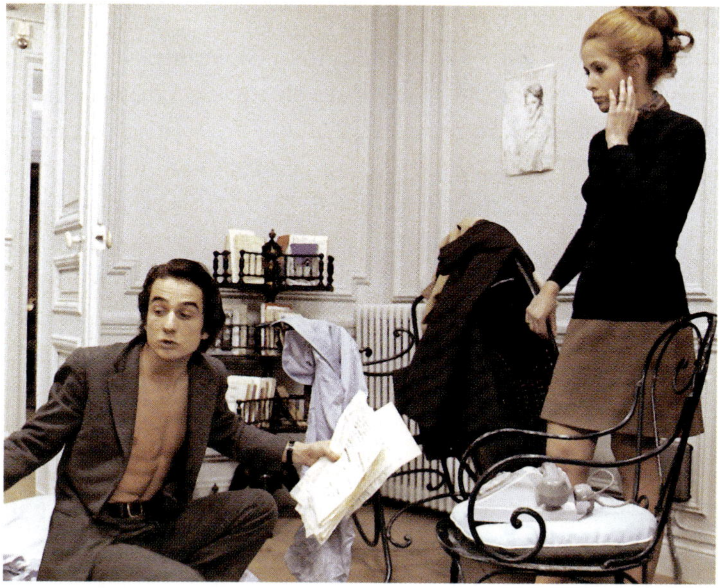

Jean-Pierre Léaud et Claude Jade dans *Domicile conjugal.*

Enchaînant trois succès internationaux d'affilée, Truffaut s'impose comme un des chefs de file du cinéma d'auteur mondial. Il consacre beaucoup de temps à la promotion de ses films, soigne les critiques et son réseau de correspondants étrangers, et devient, avec Ingmar Bergman et Federico Fellini, l'un des réalisateurs européens préférés des campus et de l'élite américaine. *L'Enfant sauvage* est ovationné lors de la soirée d'ouverture du prestigieux New York Film Festival, et fait la une du *New York Times*[12].

12. Mais l'hommage le plus touchant vient d'Hitchcock, qui lui écrit – *en français dans le texte* : « J'ai visioné lenfand sauvage que je trouve magnifique. Je te prie de menvoyer un autograph de acteur qui joue le docteur. Il est formidable. Je désire cet autograph pour Alma Hitchcock. Ce film a inondé de larmes ses yeux. »

Le joyau mutilé

Épuisé par deux années suractives, Truffaut éprouve le besoin de faire une pause. Mais sa rupture avec Catherine Deneuve le plonge dans une dépression de plusieurs mois. Une cure de sommeil se prolonge en traitement médical. Sa bouée de sauvetage est un livre : *Les Deux Anglaises et le Continent*, de Henri-Pierre Roché, qu'il lit et relit. Renonçant à son année sabbatique, sachant que seul le cinéma le rendra à la vie, il décide d'en faire dans l'urgence son prochain film.

Dix ans ont passé depuis *Jules et Jim*, pendant lesquels Truffaut n'a pas quitté l'univers de Roché, cherchant en vain à faire publier ses *Carnets*. Soucieux de libérer Léaud de l'emprise de Doinel, il confie à l'acteur un personnage aux antipodes d'Antoine : celui de Roché, alias Claude Roc, alias le Continent, aristocrate esthète à la limite du cynisme.

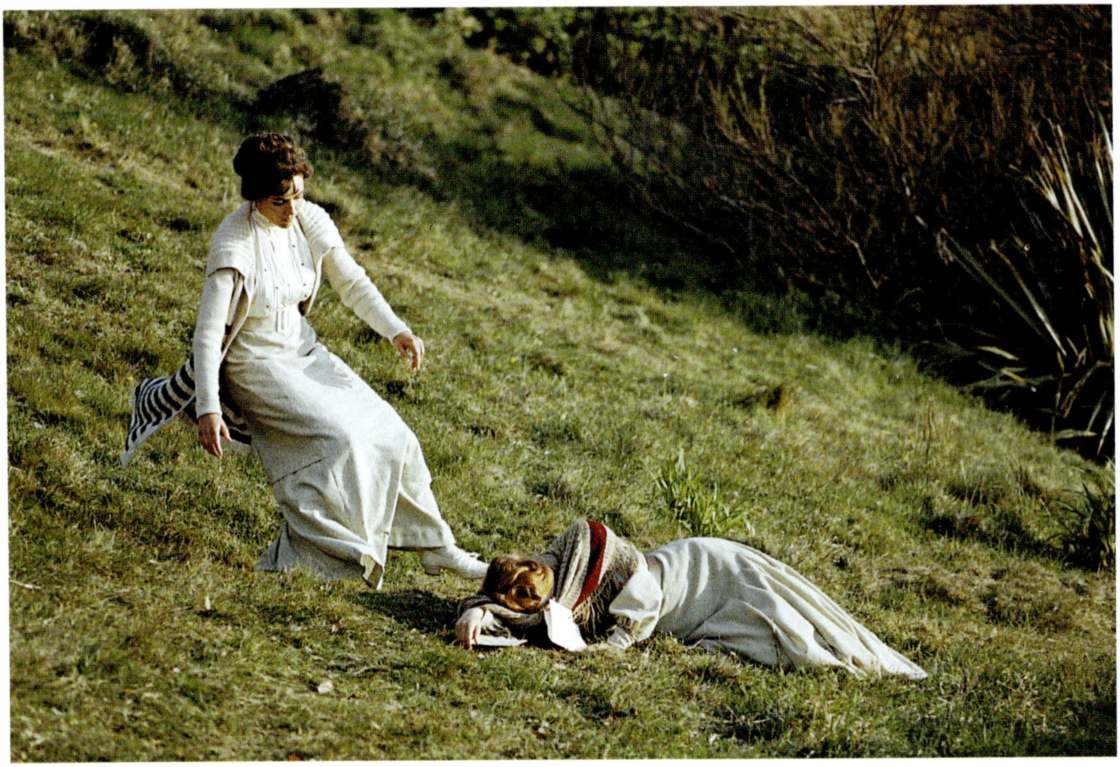

Romantisme : la chute et l'élan
(Kika Markham et Stacey Tendeter dans
Les Deux Anglaises et le Continent).

13. Jean Eustache, le réalisateur de *La Maman et la Putain* (1973), lui écrit ce mot important : « François, malgré mes enthousiasmes de l'époque, je n'avais jamais cru que la Nouvelle Vague ait signifié quelque chose sauf le désir de prendre la place d'autrui. Maintenant, grâce à vous, une œuvre légitime profondément ce changement. »

L'œil de Muriel (Stacey Tendeter).

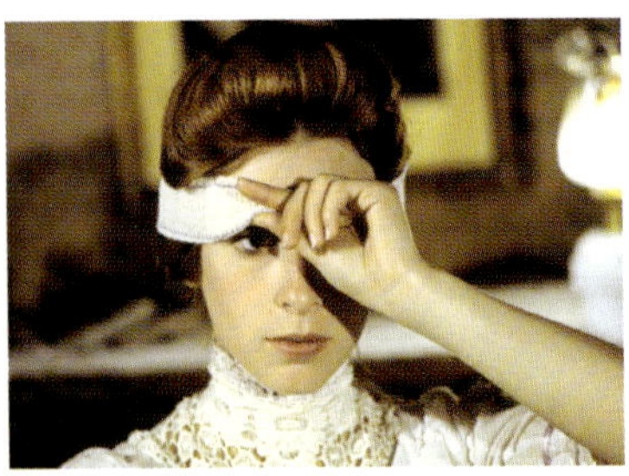

Truffaut est très satisfait du tournage : il pense avoir réalisé son chef-d'œuvre, et les amis auxquels il montre le film sont enthousiastes[13]. Le compliment de Denise Roché, la femme de l'écrivain, trahit une crainte prémonitoire : « Ce film est si important que le public aura la patience et l'humilité de le comprendre. » La critique est catastrophique, tout comme l'accueil public. Pensant sauver le film, Truffaut décide de retirer toutes les copies et de le raccourcir de quinze minutes. Cette autocensure, étonnante de la part d'un auteur, témoigne d'une humilité sincère : « L'idée de faire perdre de l'argent à autrui m'est insupportable. J'aime assez mon travail pour le croire intéressant, pas assez pour le croire indispensable ou irréprochable. » Les coupes n'y changent rien : c'est un naufrage.

L'échec des *Deux Anglaises et le Continent* s'explique sans doute par la fièvre spirituelle et charnelle qui le consume de bout en bout – excès romantique peu du goût de l'époque. Après *L'Enfant sauvage*, Truffaut poursuit sa remontée vers le secret d'un cinéma primitif, émerveillé et enfiévré par ses puissances. Dans le débat classique-moderne, il botte en touche, fait le grand saut en arrière, vers une époque rêvée où ces mots n'avaient pas de sens pour un art jeune et innocent. De *L'Enfant sauvage*, *Les Deux Anglaises et le Continent* retrouve les fermetures à l'iris, la fermeté des cadres et de la lumière naturelle d'Almendros, l'abondance du commentaire off, récité à toute allure par la voix blanche du cinéaste. Prenant le parti inverse de l'idéalisme désincarné de *Jules et Jim*, Truffaut réalise son film le plus physique, d'une crudité totale sous les conventions et les pudeurs puritaines. Sang, sueur, vomissements et humeurs scandent le récit des amours assouvies ou empêchées. Truffaut risque toutes les audaces narratives pour franchir les distances qui séparent les personnages : le film est porté par l'écriture des correspondances et journaux intimes, comme dans ce plan inouï, à la lisière du rêve, où Muriel, transportée de douleur, écrit une lettre à Claude à haute voix et en pleine rue. Sang d'encre et encre de sang : tout est dit, écrit, explicité, affronté par les protagonistes d'un récit qui s'interdit les facilités du mystère psychologique au profit d'une musique continue des affects à la surface vibrante de l'image.

« Citron pressé » (Stacey Tendeter, Jean-Pierre Léaud, Kika Markham et Sylvia Marriott dans *Les Deux Anglaises et le Continent*).

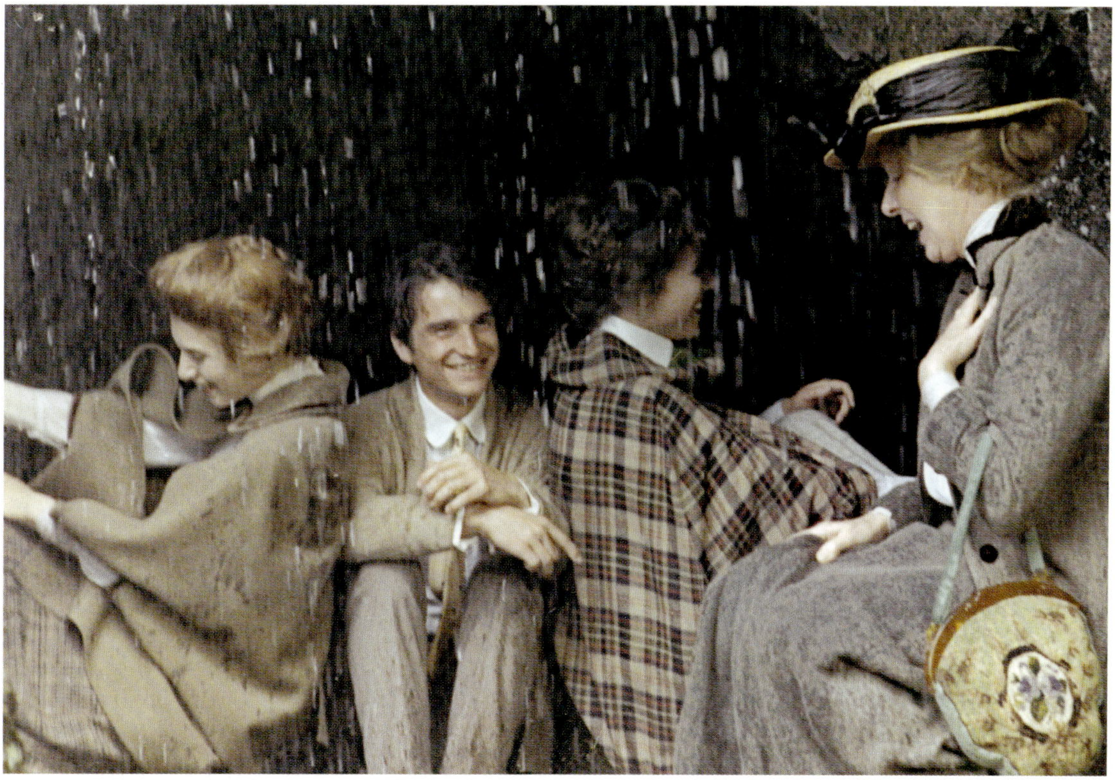

La passion de Muriel

Les Deux Anglaises et le Continent

Sous la contrainte de leurs mères, Muriel et Claude ont mis leur amour à l'épreuve d'un an de séparation. Claude succombe aux plaisirs parisiens et écrit à Muriel qu'il ne l'épousera pas. À la lecture de la lettre, Muriel s'effondre. Suit une longue séquence musicale, l'une des plus expérimentales de l'œuvre. Truffaut nommait d'un titre ambigu, « Les douleurs de Muriel », ce bloc intense, d'un rare lyrisme, où souffrances morale et physique se fondent en un long monologue ponctué de fondus au noir. Le montage a la rigueur monotone d'une incantation : neuf fragments, dix plans, portés par la coulée romantique de la musique de Delerue. Musique continue lorsque Muriel est seule, interrompue à deux reprises lorsque sont présentes sa mère ou sa sœur.

Sous l'apparente unité du monologue de Muriel, Truffaut varie les registres de parole et les usages de la voix. Voix haute : lorsque Muriel parle à sa mère, à sa sœur lors de la partie de dominos, ou pour elle-même, commentant la lettre qu'elle tient à la main. Voix intérieure : faisant entendre la lettre qu'elle est en train d'écrire, ressassant ses idées contradictoires en marchant dans sa chambre, décidant enfin, au dernier plan, de n'écrire son journal que pour elle-même. Muriel alterne les langues : le français énonce des phrases qui sonnent comme des maximes à la Cocteau – « la vie est faite de morceaux qui ne se joignent pas », possible résumé moral de l'œuvre de Truffaut –, l'anglais non sous-titré se mêle à la musique en un pur récitatif d'opéra.

Après le plan de l'écriture de la lettre à Claude, la voix de Truffaut prononce une phrase, une seule, pour donner une information factuelle essentielle au récit : Muriel n'enverra aucune lettre. Pendant la partie de dominos – rappel d'une scène de *Jules et Jim* –, Anne reste muette, auditrice et relais du monologue. On n'entend sa voix et celle de la mère qu'au moment où Truffaut ménage un effet de surprise : la fin de la musique semble signifier la fin des souffrances de Muriel, mais un bruit sourd signale sa chute à l'étage supérieur. Sa rechute : elle s'effondre une seconde fois, physiquement et moralement.

Truffaut aime les évanouissements, car l'émotion s'y traduit en une violente affection physique. Il avait renoncé à faire s'évanouir Jean Desailly dans *La Peau douce*, craignant de faire passer le personnage pour malade, et avait reporté l'idée dans *Fahrenheit 451* : l'évanouissement de Montag dans le bureau du capitaine des pompiers était pour lui la clé du film. Après la double syncope de Muriel, suivront celles d'Adèle H. et de Mathilde dans *La Femme d'à côté*.

La rechute de Muriel mène au climax de ses « douleurs » : la nuit, dans son lit, l'amoureuse couronnée est secouée de spasmes qui évoquent autant la jouissance sexuelle que le délire fiévreux. Truffaut reproduira cette image scabreuse de la passion contrariée dans *Adèle H.* Le mouvement s'achève sur le contrepoint d'un dernier plan à la Griffith : vue de derrière la fenêtre, emprisonnée dans sa solitude, Muriel prend la froide résolution de murer sa douleur muette entre les pages de son journal.

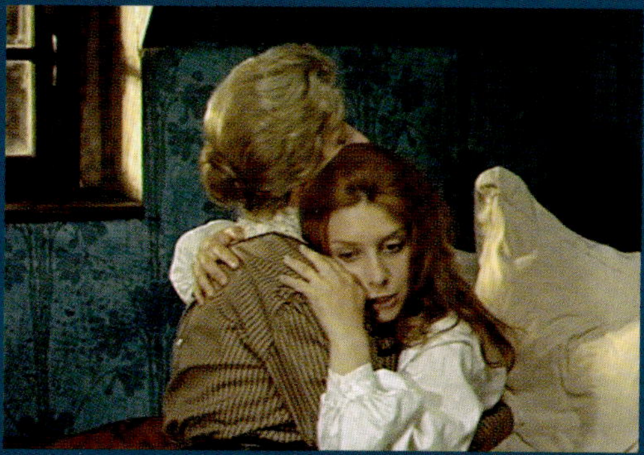
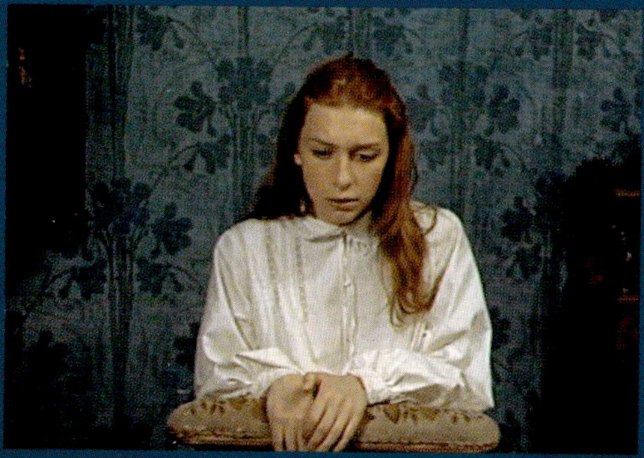
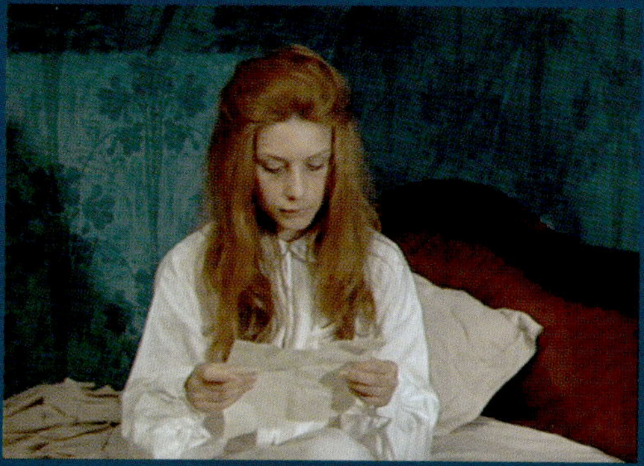
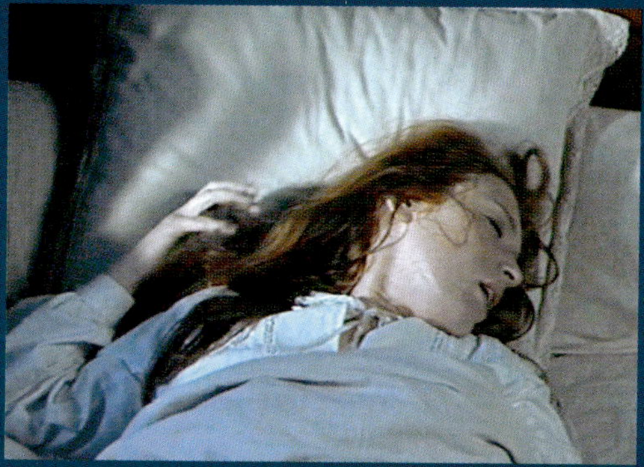
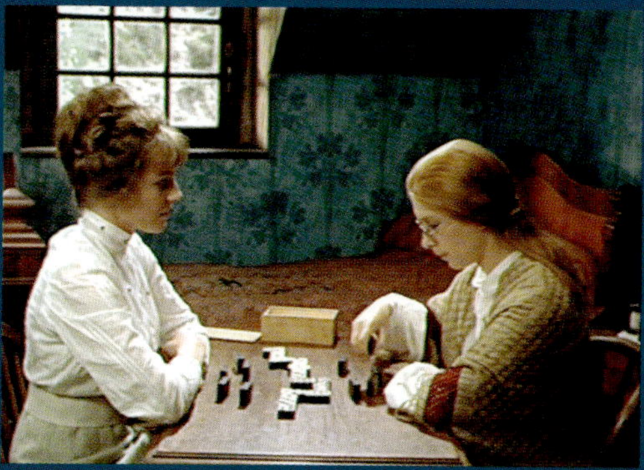
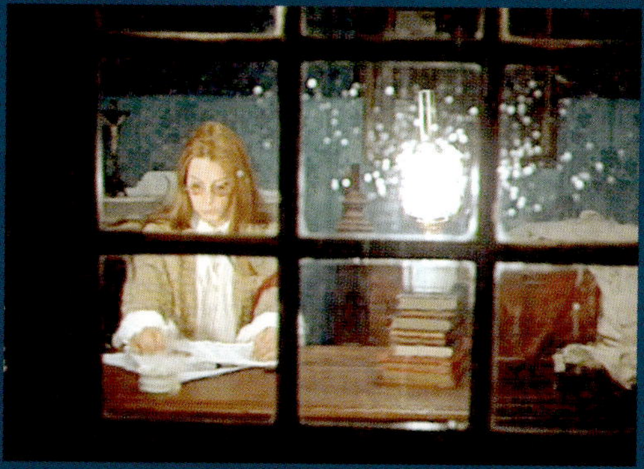
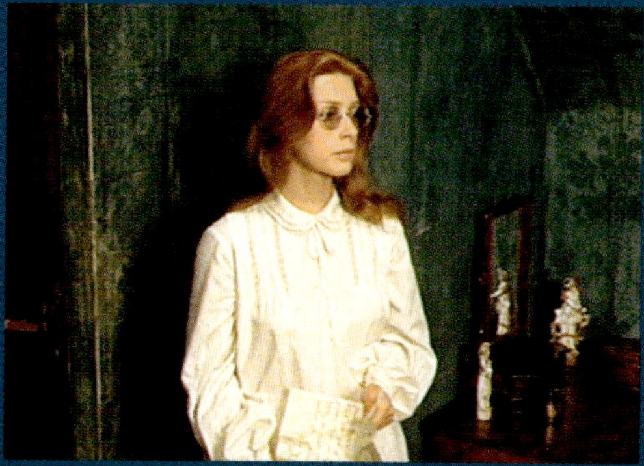
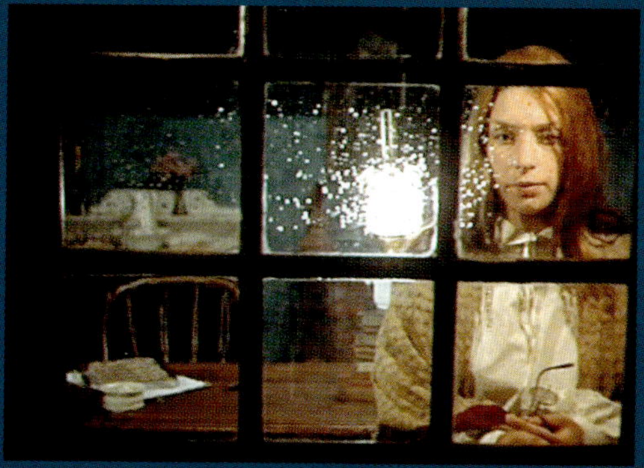

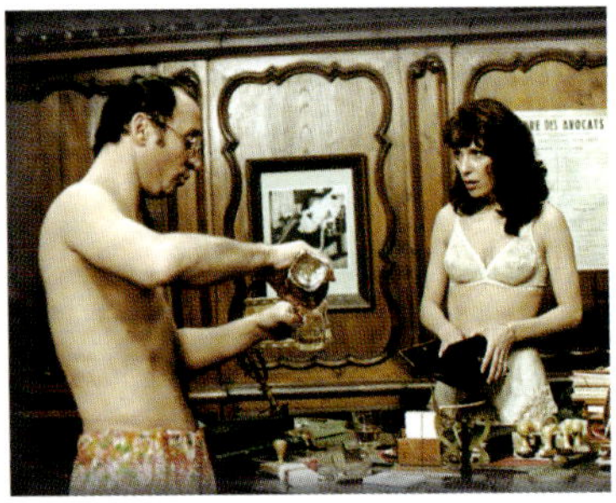

Claude Brasseur et Bernadette Lafont dans *Une belle fille comme moi.*

L'aventure radicale des *Deux Anglaises et le Continent*, même soldée par un échec, a sorti Truffaut de sa dépression. « Lorsque je viens de tourner un film triste, je n'ai qu'une envie : faire un film joyeux. » Le contre-pied de la passion romantique sera la farce burlesque d'*Une belle fille comme moi*, pour lequel il retrouve Bernadette Lafont, quinze ans après l'avoir lancée dans *Les Mistons*. Ce film léger et mineur, exercice de style un peu systématique, vaut pour la performance de l'actrice. Contrairement à son habitude, Truffaut ne prend pas la peine de le promouvoir. Il travaille déjà au prochain.

Triomphe et malaise

La Nuit américaine est un des points névralgiques de la carrière de Truffaut : immense succès qui assoit sa stature internationale, film ambigu qui déchaîne ses adversaires et révèle ses limites, la pente mineure et la plus contestable de son œuvre.

En montant *Les Deux Anglaises et le Continent* aux studios Victorine de Nice, Truffaut est frappé par les immenses décors à l'abandon d'une superproduction américaine, *La Folle de Chaillot* (de Bryan Forbes, 1969). Il saisit l'occasion de réaliser un projet qui le hante depuis quelques années, celui d'un film sur le cinéma. Il joue lui-même le rôle du cinéaste Ferrand, patron calme et bienveillant d'une petite équipe d'artisans affairée à la réalisation d'un mélo de seconde zone, *Je vous présente Pamela*. Le scénario mêle la vie privée des acteurs et des techniciens à l'intrigue du film en train de se faire. C'est une déclaration d'amour et de foi en son métier : malgré l'accumulation des problèmes et péripéties du tournage – au risque du ridicule, *La Nuit américaine* en dresse le catalogue –, seul le travail du cinéma console des douleurs de la vie.

En France, quelques voix détonnent dans le concert de louanges[14]. Celle de Godard, dont la lettre cruelle et méprisante entérine la rupture entre deux ex-amis qui ne se parlent plus depuis Mai 68. Godard reproche à Truffaut de trahir ses anciennes convictions en défendant une manière dépassée de faire des films, de mentir en donnant une vision simpliste et tronquée des rapports de la vie et du cinéma. « Menteur, lui écrit Godard, car le plan de toi et de Jacqueline Bisset l'autre soir chez Francis n'est pas dans ton film, et on se demande pourquoi le metteur en scène est le seul à ne pas baiser dans

14. Aux États-Unis, *Day for Night* remporte des prix prestigieux et dépasse le million de dollars de recettes, soit l'équivalent de tous les films de Truffaut distribués jusque-là outre-Atlantique. La consécration a lieu le 3 avril 1974 lorsque Yul Brynner remet à Truffaut l'Oscar du meilleur film étranger.

La Nuit américaine. » Godard pose son doigt pervers sur une des ambiguïtés du film, que Truffaut veut « documentaire », jusqu'à son autoportrait modeste en cinéaste pragmatique. Effectivement, Truffaut ressemble à Ferrand : un artisan consciencieux régnant sur une famille de cinéma à l'ancienne. Mais hésitant entre documentaire pédagogique et fiction idéaliste, *La Nuit américaine* perd sur les deux tableaux. Le documentaire flatte la curiosité la plus superficielle du public, la fiction tombe dans un petit théâtre de boulevard, médiocre et sans passion.

La Nuit américaine s'inscrit dans la veine de *Baisers volés*, mais la nostalgie insouciante a cédé la place au mièvre éloge d'un artisanat modeste. Truffaut regarde toujours en arrière, mais le retour s'arrête ici bien avant le muet : à la tradition française du film collectif unanimiste « à la Prévert », où chacun des dix personnages joue sa partition pittoresque, dit ses bons mots dans un scénario parfaitement huilé. Cinéma du dosage et de l'équilibre tempéré, à mille lieux des excès et de

Jacqueline Bisset et Jean-Pierre Léaud dans *La Nuit américaine*.

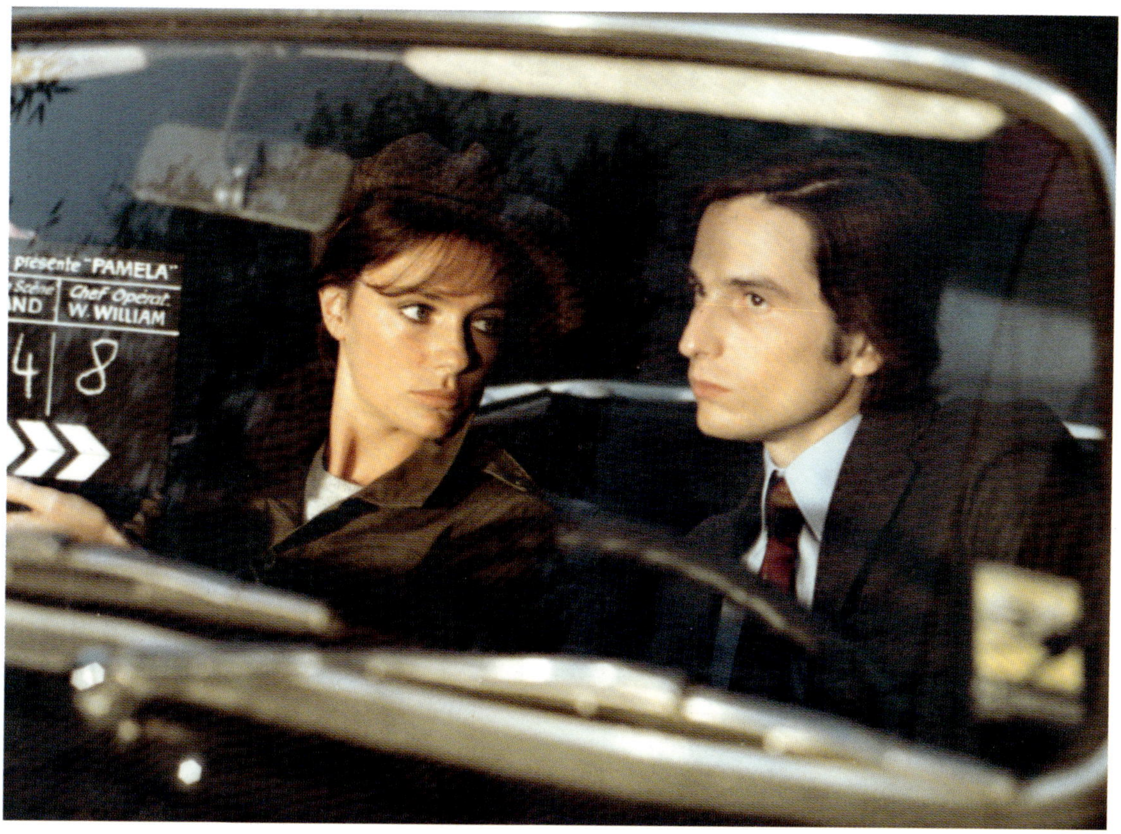

la fièvre de *La Sirène du Mississippi*, de *L'Enfant sauvage* ou des *Deux Anglaises et le Continent*. C'est toute l'ambiguïté du passéisme antimoderne de Truffaut, qui oscillera jusqu'à la fin entre les audaces d'un retour aux origines et le confort d'un petit commerce artisanal et consensuel. Évidemment, le public préférera toujours la seconde voie.

Truffaut a-t-il trahi ?

Prendre une position lucide face à l'œuvre de Truffaut, dégagée des passions de l'époque, c'est répondre à la question qui a nourri un malentendu croissant depuis le début des années soixante-dix. Le cinéaste a-t-il trahi les idées du critique? Truffaut a-t-il rejoint la « Qualité française » après l'avoir dénoncée? Ses détracteurs ont répondu trop vite par l'affirmative, ses admirateurs ont fait comme si la question ne se posait pas.

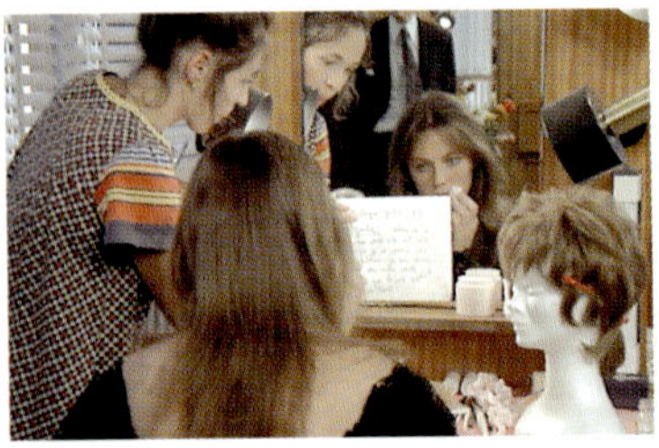

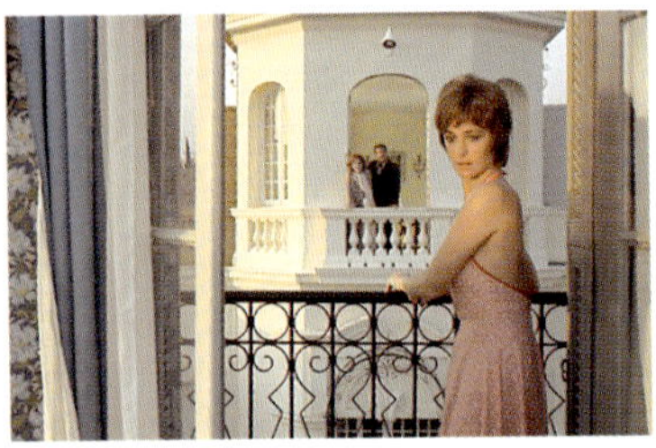

Actrice et personnage (Jacqueline Bisset dans *La Nuit américaine*).

On répondra non, car même dans ses films les plus faibles, Truffaut s'est appliqué à mettre en œuvre les caractéristiques essentielles du cinéma rêvé par le critique. Premièrement, une morale du personnage : pas de mépris ou de condescendance dans son œuvre, le personnage secondaire n'est jamais le faire-valoir des rôles principaux. Même *La Nuit américaine* échappe au principal défaut des films de la Qualité française, « cette espèce de servilité qui consiste à rendre les vedettes prestigieuses et les seconds rôles ridicules ». Deuxièmement, une morale du public : jamais cynique, Truffaut a respecté sans faiblir le principe de jeunesse par lequel il résumait son éthique du cinéaste : « ne jamais essayer de faire rire ou pleurer le spectateur avec quelque chose qui ne l'a pas fait rire ou pleurer lui-même ». Troisièmement, une morale de la création : si aucun film de Truffaut ne peut être considéré comme un chef-d'œuvre, c'est avant tout que cette catégorie est étrangère à un travail qui fuyait délibérément la perfection au profit de la vie, de son tremblé, de ses imperfections[15]. Une recherche de vitalité, d'intensité, dont la conséquence assumée est une certaine inégalité esthétique, un mélange de fulgurances et de maladresses qui fait l'allure unique de ses meilleurs films.

Pour ces trois raisons, voir en Truffaut un continuateur de la Qualité française est un contresens. Le cinéma français de l'après-guerre ne se partage pas entre modernité et Qualité

15. Avant le tournage de *La Sirène du Mississippi*, il avait prévenu Catherine Deneuve : « Il est exclu de penser que nous ferons un chef-d'œuvre. On essaiera de faire un film vivant. »

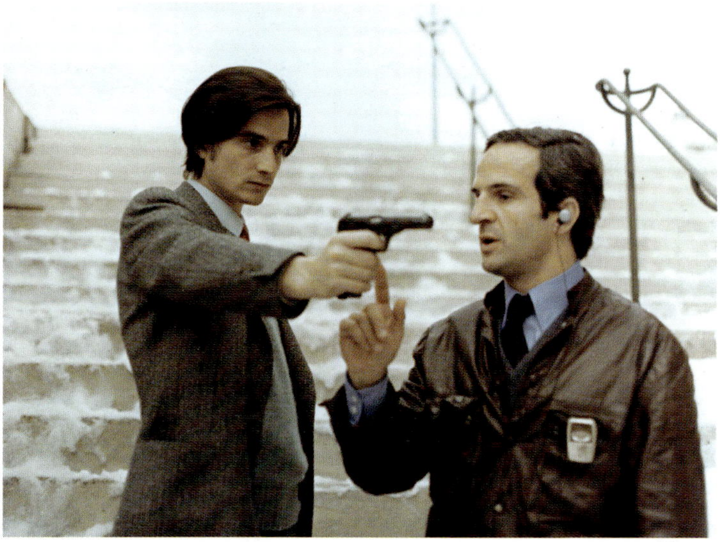

Ferrand-Truffaut dirige Alphonse-Léaud dans *La Nuit américaine*.

française, Truffaut critique n'a jamais réclamé ou annoncé un cinéma moderne. L'horizon de son cinéma, dans les limites duquel on peut l'évaluer, est celui des films qui ont fasciné l'enfant et l'adolescent : la tradition dominante de la fiction populaire, principalement américaine et française. Dans ce domaine soustrait à la marche en avant moderniste, Truffaut ne s'est pas contenté d'appliquer les recettes éprouvées. Il n'a cessé d'expérimenter, d'inventer ses propres procédés à partir de l'héritage de ses modèles.

Gros plan et plan d'ensemble

Après le triomphe mondial de *La Nuit américaine*, Truffaut s'accorde enfin une pause de deux ans. Il passe l'été 1973 à Los Angeles. Accueilli comme un pair par le milieu hollywoodien, il rend visite chaque samedi aux Renoir, pour de longues conversations cinéphiles et amicales avec son vieux maître.

Après deux ans sans tournage, Marcel Berbert bat le rappel des troupes : les finances du Carrosse sont en difficulté, il est urgent de proposer un nouveau projet aux Américains. Le plus avancé des quatre scénarios est entre les mains de Jean Gruault : la reconstitution, à partir de son journal intime, d'un épisode de la vie d'Adèle, seconde fille de Victor Hugo. Une histoire d'amour fou non partagé entre la jeune fille et un lieutenant de l'armée anglaise, qu'elle suit et harcèle de Halifax aux îles de la Barbade.

François Truffaut et Jean Renoir à Hollywood.

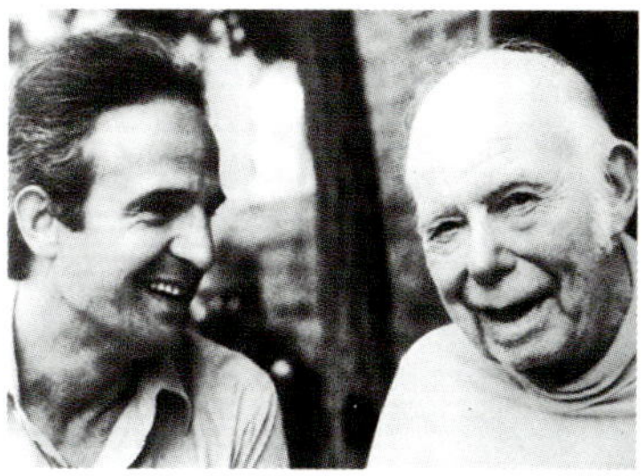

Noir et blanc et couleur, de la rue au studio

Fidèle aux préceptes du critique, Truffaut « descend dans la rue » et tourne ses premiers films en décors naturels. Mais l'évolution de sa carrière est un retour progressif vers une esthétique et une pratique du studio. Certains ont cru y voir une trahison de ses principes, un repli sur les positions du « vieux cinéma français ». Faux procès : cette évolution, pragmatique et fidèle à son credo esthétique, est indissociable de l'enjeu de la couleur au cinéma.

Pour Truffaut, qui ne cesse de répéter sa haine du documentaire, le cinéma commence avec la stylisation, l'invention et le maintien d'une barrière entre le film et la « réalité ». Tandis que le noir et blanc stylise par nature, la couleur copie servilement le réel, abat la barrière et fait tomber le cinéma dans le documentaire. Elle n'est tolérable qu'à condition d'être maîtrisée, travaillée comme sous le pinceau d'un peintre. « La couleur, c'est l'ennemie. Pour moi, il est maintenant beaucoup plus intéressant de construire un appartement en studio que de filmer un vrai appartement. Parce que en studio, on a au moins la possibilité de gagner la bataille contre la laideur de la couleur. » « On revient vers l'artifice, ce n'est pas une fuite dans l'esthétisme, c'est ainsi que les films retrouvent une forme. »

Ce retour au studio adviendra au terme d'une évolution qui commence avec les deux premiers films en couleurs de Truffaut, *Fahrenheit 451* et *La mariée était en noir*. Après avoir été impressionné par le travail de coloriste du chef opérateur Nicholas Roeg dans les studios anglais de Pinewood, il attribue l'échec de *La mariée était en noir* au choix de la couleur.

Les Deux Anglaises constitue la seconde étape importante. C'est le second film photographié par Nestor Almendros, qui convainc Truffaut de la possibilité de faire « des films noir et blanc en couleurs », qui ne soient « pas trop bariolés ni trop criards ». Cette recherche fut au cœur du travail de stylisation des décors naturels effectué sur *Les Deux Anglaises* : « Pour ne pas laisser la laideur s'installer, nous avons fait très attention, aux décors, aux costumes, au mobilier… » Un pas supplémentaire est franchi sur le tournage de *L'Histoire d'Adèle H.*, à propos duquel Truffaut dit : « Le cinéma, surtout depuis qu'il est en couleurs, se perd dans la diversité et la variété. Nous avons intérêt à diminuer le nombre d'endroits, le nombre de personnages, en essayant de créer davantage une émotion par l'unité. » Unité et concentration obtenues par l'usage de cadrages serrés, par le refus de plans d'ensemble qui introduiraient la diversité colorée du monde.

Même stratégie dans *La Chambre verte* : Truffaut y ajoute la prédominance d'ambiances nocturnes, qui accentue encore le monochromatisme. Avec ces deux derniers films, Truffaut n'a pas encore franchi le pas du studio, mais il s'en est approché en confinant le récit dans des intérieurs.

Il saute le pas avec *Le Dernier Métro*, tourné presque entièrement dans une ancienne chocolaterie transformée en studio. Truffaut y recrée la tonalité marron-ocre, presque monochrome, de ses souvenirs de l'Occupation. Enfin, il cumulera les avantages du noir et blanc et du studio pour réussir avec *Vivement dimanche !* son film le plus stylisé.

Avec Isabelle Adjani sur le tournage de *L'Histoire d'Adèle H.*

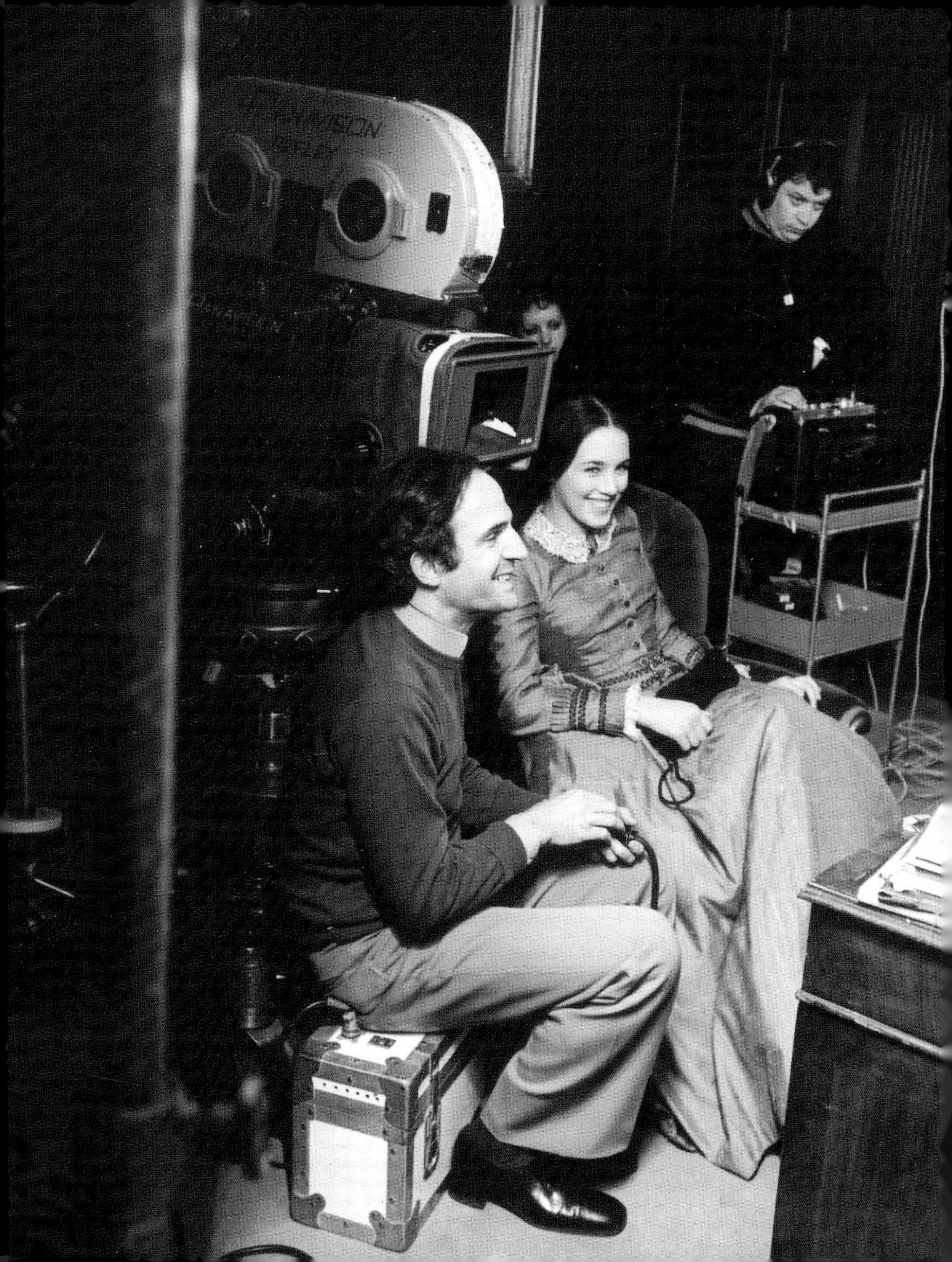

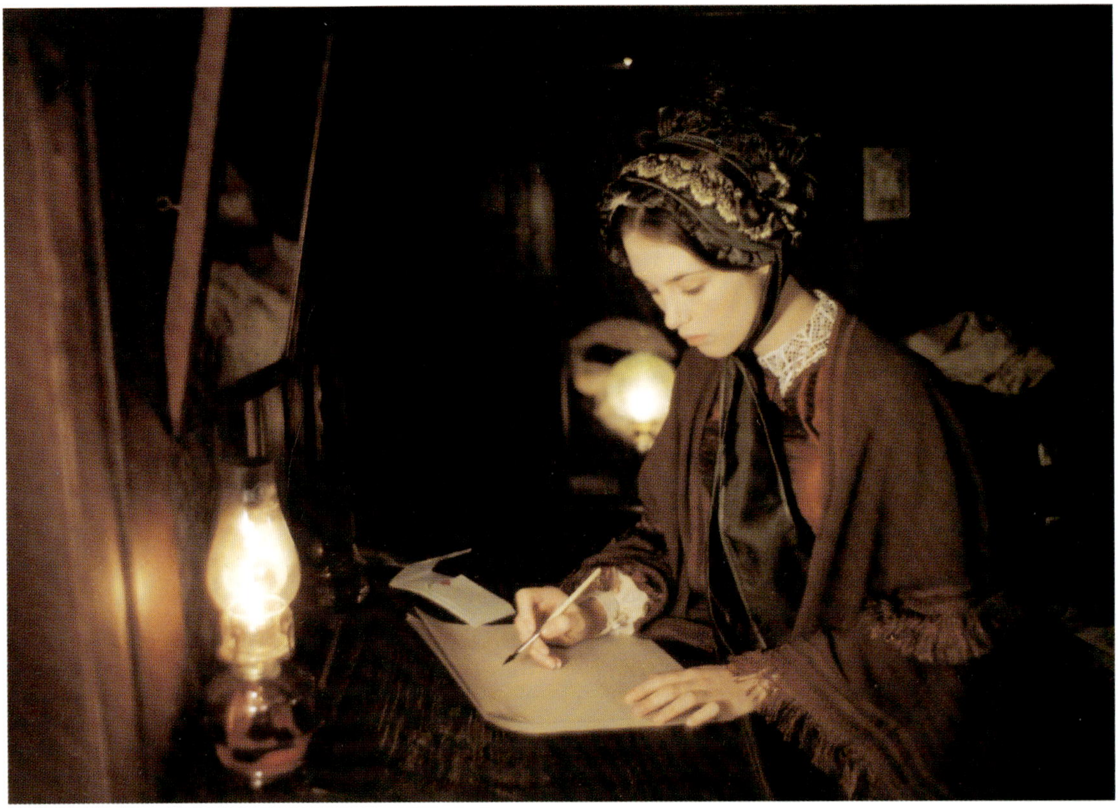

La fièvre de l'écriture (Isabelle Adjani dans *L'Histoire d'Adèle H.*).

Avec *Les Deux Anglaises et le Continent*, Truffaut croyait en avoir fini avec le romantisme et son imagerie. Il s'y installe une dernière fois pour le porter à un rare degré d'intensité. Coproduit par Les Artistes Associés, *L'Histoire d'Adèle H.* est le récit linéaire et sans espoir de l'aliénation d'une jeune femme enterrée vivante dans une passion fantasmée. Souhaitant « mixer le climat émotionnel des *Deux Anglaises* et la rigueur de *L'Enfant sauvage* », il demande à Almendros de centrer le film sur le visage d'Adèle. Subjugué par la beauté et l'intensité d'Isabelle Adjani, Truffaut arrache la jeune actrice à la Comédie-Française, lui fait une cour effrénée qui, pour la seule fois de sa carrière, restera vaine. Le tournage est une épreuve partagée : coincée sur l'île de Guernesey comme l'était Adèle à Halifax, l'équipe travaille dans une tension religieuse, électrisée par la relation passionnelle du cinéaste et de son actrice. Truffaut découvre sur la table de montage un film vampirisé par le visage d'Adjani : un « gros plan d'une heure et demie ». Cette fusion folle du sujet et de son traitement, cette absence de

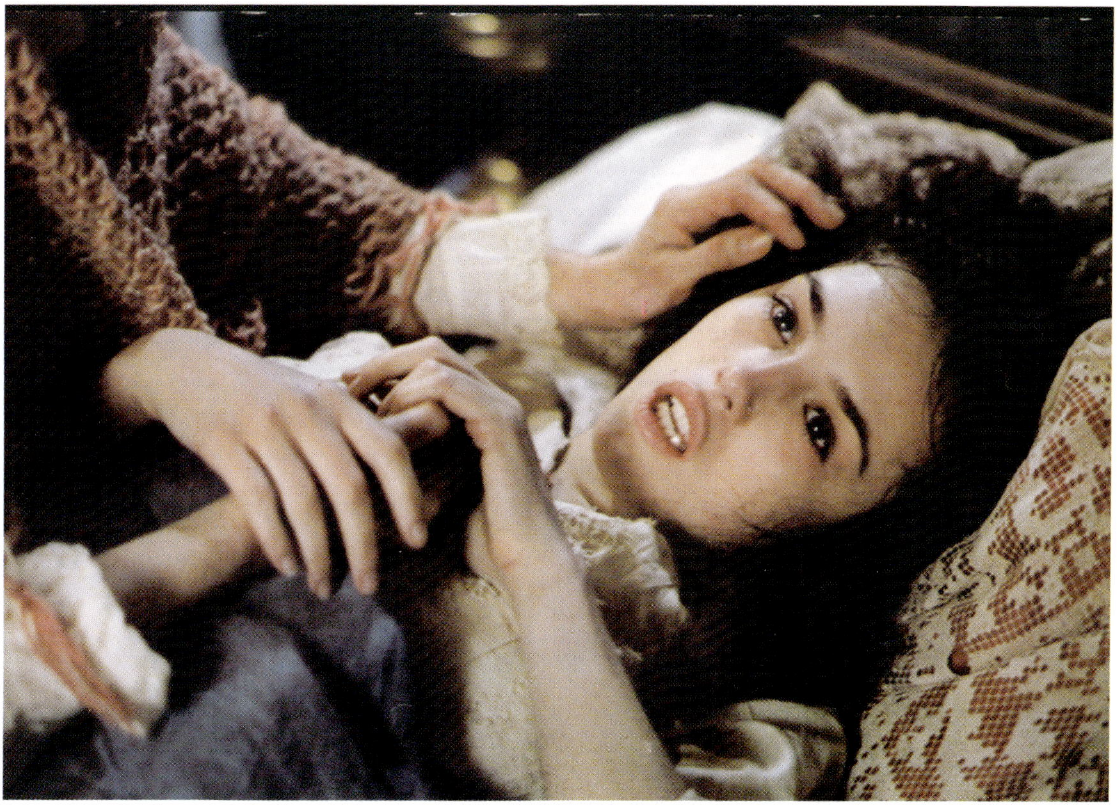

distance de la caméra et du cinéaste, font la beauté et la limite de *L'Histoire d'Adèle H.* – film obsessionnel sur une obsession, coulée monotone et monochrome, surprenante de la part d'un cinéaste réputé pour ses changements de ton. Comme toujours, le public boude un des films les plus singuliers de Truffaut, une œuvre expérimentale, sans modèle ni tradition.

Délire obsessionnel (Isabelle Adjani dans *L'Histoire d'Adèle H.*).

Comme toujours, le film à venir est le contraire du précédent. Le projet de *L'Argent de poche* remonte aux *Quatre Cents Coups*, au bonheur de tourner cinq jours dans une classe d'écoliers. Depuis, Truffaut rêvait d'un film sur l'enfance, avec des enfants, pour les enfants. De l'aveu du cinéaste, *L'Argent de poche* est une sorte de combinaison de *Baisers volés* et de *La Nuit américaine* : consensuel, mièvre, vision idéalisée d'une enfance sans cruauté et d'une France figée dans le populisme de la débrouille et des petits métiers. Le public du monde entier ne boude pas la flatterie et fait un triomphe au plus mauvais film de son auteur, égaré dans les parages pourtant haïs du « film à thèse ».

Une idée fixe (Isabelle Adjani et Bruce Robinson dans *L'Histoire d'Adèle H.*).

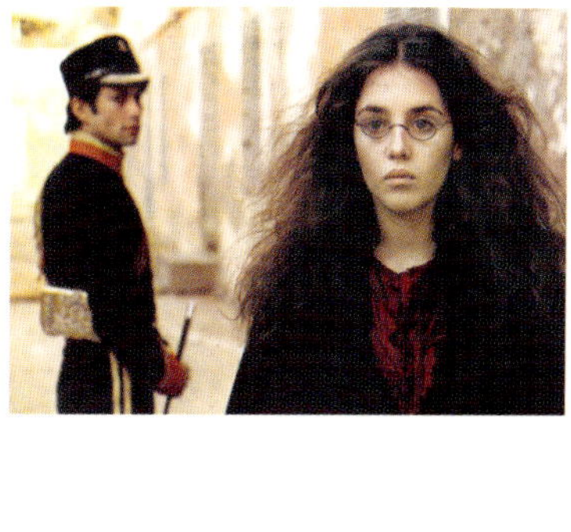

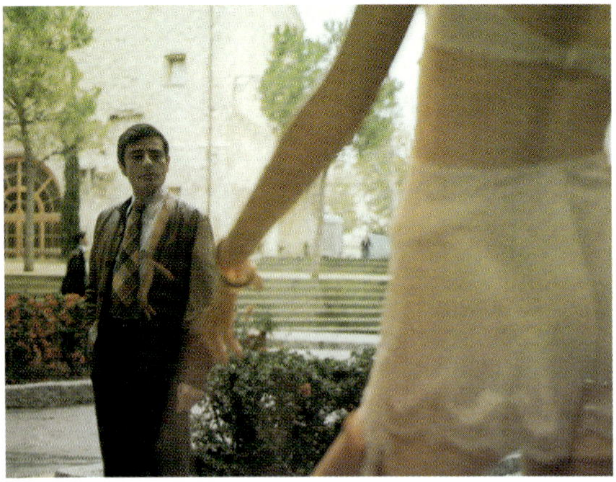

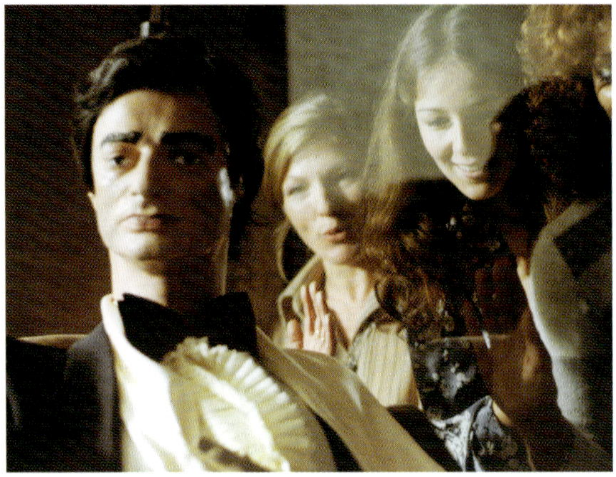

Morbidité du fantasme (Charles Denner dans *L'Homme qui aimait les femmes*).

Une possible synthèse

Le suivant sera l'un des meilleurs. Truffaut se donne six mois pour mettre au point le scénario du *Cavaleur* et rédiger quelques préfaces. Un appel de Los Angeles perturbe son agenda : Steven Spielberg, jeune auteur des *Dents de la mer* (1975), plus gros succès de tous les temps au box-office américain, lui propose un rôle dans son prochain film, *Rencontres du troisième type* (1977). Marqué par *L'Enfant sauvage* et *La Nuit américaine*, Spielberg voit en Truffaut un « homme-enfant », interprète idéal d'un spécialiste des ovnis, capable d'accueillir l'extraordinaire avec bienveillance et émerveillement. Séduit par Spielberg, Truffaut s'embarque dans un tournage de quatre mois, qui lui laisse le temps de fignoler le scénario du *Cavaleur*. Découvrant la passivité frustrante de l'acteur sur un tournage, Truffaut se sent d'abord piégé, puis se prend au jeu, s'enthousiasme pour le gigantisme hollywoodien, si loin de la modération de ses propres productions. L'immense succès du film fait découvrir son visage au monde entier et accroît sa popularité.

Longuement mûri, le scénario de *L'Homme qui aimait les femmes*, nouveau titre du *Cavaleur*, est un des plus beaux, des plus précis et des plus complexes de l'œuvre de Truffaut. C'est à nouveau l'histoire d'une obsession, d'un personnage marginal et passionné. Truffaut est fasciné depuis toujours par les grands séducteurs, Henri-Pierre Roché ou Jacques Audiberti, ces hommes qui « aiment les femmes » au point de les placer au-dessus de tout, d'en faire le centre de leur existence. Bertrand Morane emprunte quelques traits au cinéaste, comme son goût pour le mouvement des jambes

Avec Steven Spielberg sur le tournage de *Rencontres du troisième type* en 1976.

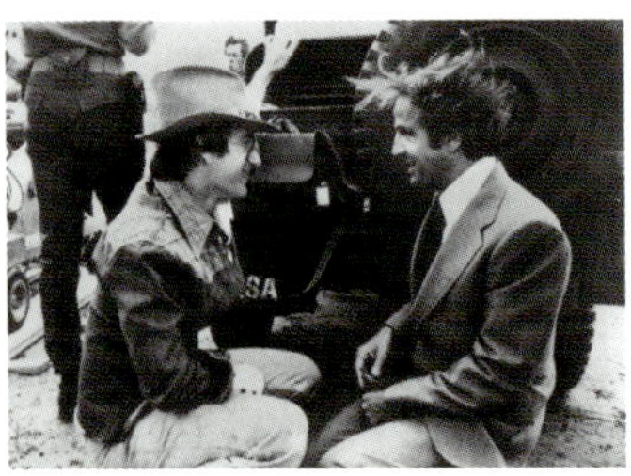

féminines voilées de bas et découvertes par des jupes légères. Ce n'est ni un dragueur, ni un don Juan, mais un chasseur solitaire et angoissé, pour qui la séduction n'est pas un jeu mais une passion, un travail à temps plein pour combler le gouffre des traumatismes affectifs – le désamour de sa mère, une rupture douloureuse. Truffaut confie sans hésiter le rôle à Charles Denner, qu'il avait admiré dans un épisode de *La mariée était en noir* : « J'avais envie d'entendre sa voix tout au long du film. » La voix grave et métallique de Denner, sa diction pressée, précise et tremblante, ses gestes d'oiseau aux aguets composent le plus beau personnage de Truffaut.

L'Homme qui aimait les femmes est une synthèse lyrique, musicale et maîtrisée de ses thèmes et obsessions : l'amour des livres, des femmes, la mélancolie et la mort. Comme dans *L'Enfant sauvage*, *Les Deux Anglaises et le Continent* et *L'Histoire d'Adèle H.*, le tressage du commentaire et des dialogues, allié au double-fond scénaristique de l'écriture par Morane du roman de sa vie, rapproche ce film du fantasme de Truffaut : le film-livre, idéal d'un cinéma qui manipulerait

Le chasseur et ses proies (Charles Denner dans *L'Homme qui aimait les femmes*).

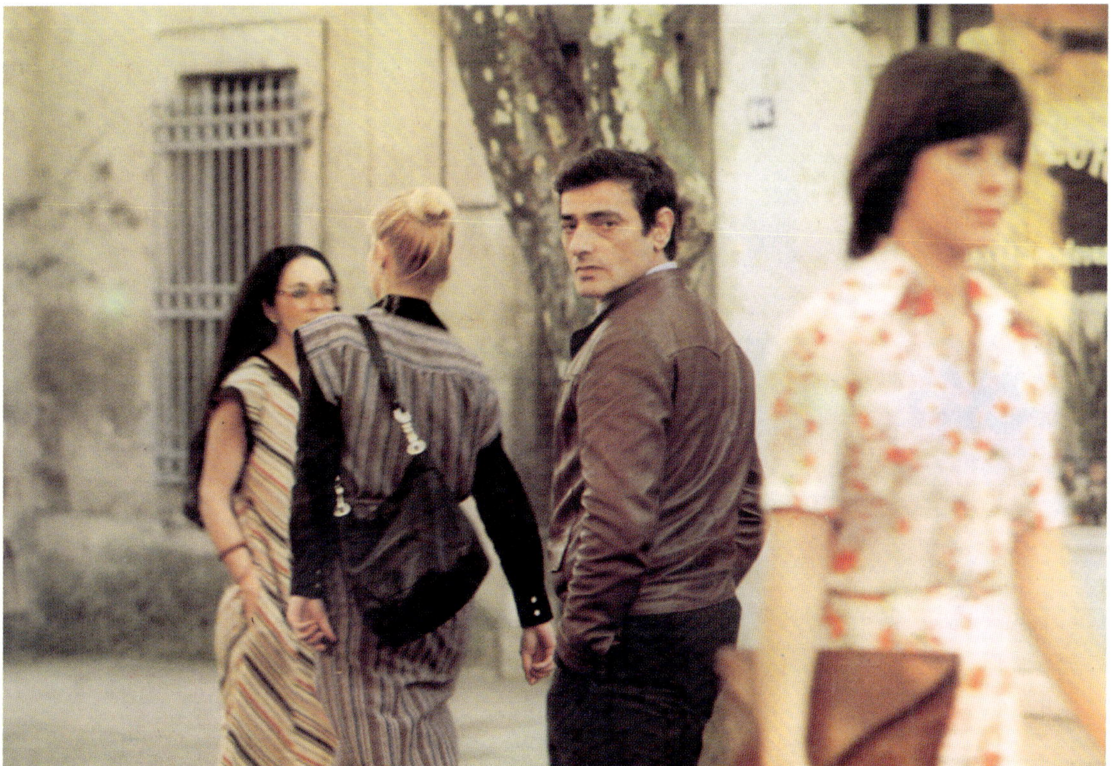

Truffaut archiviste : la préparation des films

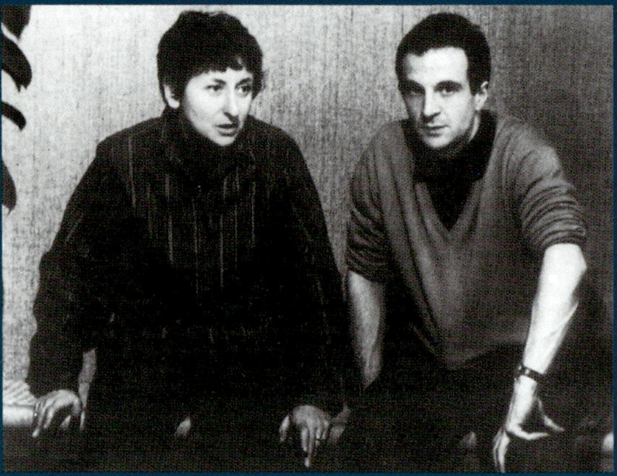

Truffaut aimait les fiches, les classeurs. Il gardait tout, découpait articles et photos selon ses intérêts et obsessions, en prévision de possibles films à venir. La part cachée de son incessant travail de cinéaste a été, depuis son adolescence, de constituer les innombrables dossiers classés par thèmes, idées, personnes, aujourd'hui conservés dans les archives des Films du Carrosse. À cette activité automatique s'ajoutait, pour la préparation de chaque film, un important travail d'enquête et de documentation qui nourrissait l'élaboration du scénario, des personnages.

Pour l'écriture de *Baisers volés*, Truffaut commande à ses scénaristes Bernard Revon et Claude de Givray des enquêtes « sur le terrain » approfondies : il souhaite consolider la part autobiographique et imaginaire du récit par une précision de détails, une multitude de « petits faits vrais » arrachés au réel. Ainsi, pour rendre crédibles Antoine en détective privé et les scènes dans l'agence Blady, Revon et de Givray passent le printemps 1967 à enquêter chez Dubly Détective. Ils assistent à des réunions au sein de l'agence, réalisent un entretien de douze heures avec le patron, Albert Duchenne, qui devient collaborateur au scénario. La même méthode est reconduite pour *Domicile conjugal* : enquête auprès de fleuristes, d'entreprises américaines installées en France, etc. La scène où Philippe Léotard vient « chercher la bagarre » dans la cour de l'immeuble vient directement d'une anecdote racontée aux scénaristes par un patron de bistrot.

Pour composer le personnage de Morane, dans *L'Homme qui aimait les femmes*, Truffaut renoue avec un ancien proche des *Cahiers du cinéma*, le dramaturge Michel Fermaud, dont il connaît la réputation de « cavaleur ». Truffaut cherche à écarter le risque autobiographique, ne veut garder de sa vie personnelle que des détails nourrissant des aventures prises à d'autres. Il demande à Fermaud de lui fournir le plus grand nombre possible d'anecdotes relatives à ses conquêtes féminines. Des notes envoyées par Fermaud, il sélectionne les histoires qui l'intéressent, lui demande de les retravailler en authentique scénariste. Cette première étape achevée, il confie cetter série d'histoires à Suzanne Schiffman, pour les tisser avec elle en un scénario.

Dernier exemple, le long travail de gestation de *La Chambre verte*. Truffaut découvre la nouvelle de James pendant sa dépression amoureuse de 1970. En 1974, il commande à Jean Gruault une première adaptation. Pendant toute la décennie, il mène des recherches érudites sur le culte des morts dans différentes cultures. Il sollicite son ami japonais Koichi Yamada pour des références dans la littérature japonaise. Il consulte également deux amis cinéphiles, un jésuite et un dominicain, qui l'aident à définir et à incarner la dimension religieuse du récit. Ainsi, la haine du documentaire n'est pas synonyme chez Truffaut d'un mépris de la réalité, d'une confiance totale accordée à l'imaginaire. Au contraire, la fiction ne cristallise qu'à partir d'une multitude de fragments de réel, patiemment accumulés et soigneusement classés.

le temps et les registres narratifs avec la souplesse du roman. Enfin, *L'Homme qui aimait les femmes* est unique en ce qu'il réconcilie les deux Truffaut, prouve qu'une synthèse de ses tendances contradictoires était possible : que l'équilibre n'est pas synonyme de consensus, ni l'harmonie de tiédeur, que fièvre et nostalgie peuvent s'unir, qu'un récit peut tenir ensemble la trajectoire tendue d'un personnage tragique et le portrait pittoresque d'un collectif – ici le défilé des conquêtes de Morane.

Page de gauche :
Avec Suzanne Schiffman
sur le tournage de *Fahrenheit 451*.

La fidélité aux morts

Est-ce dû au succès de *L'Homme qui aimait les femmes*, Truffaut rompt avec son habitude de ménager le public par l'alternance de films graves et légers. En adaptant *L'Autel des morts* d'Henry James, il s'attaque à un de ses projets les plus chers, qu'il sait difficile : celui d'un film sur la vie avec les morts. Le récit de James est transposé de la fin du dix-neuvième siècle aux années vingt : retour, près de vingt ans après *Jules et Jim*, de la Grande Guerre, dont les massacres hantent la part morbide de l'imaginaire de Truffaut. Jean Gruault invente une relation amoureuse impossible entre un homme obsédé par les morts au point de leur rendre un culte fétichiste et une jeune femme prête par amour à rejoindre sa religion des défunts. Truffaut s'attribue le rôle de Julien Davenne, trop intime pour être confié à un autre.

La Chambre verte est un autre film clé, qui expose la vérité intime de la nostalgie passéiste de Truffaut : une fidélité quasi militante aux morts, au passé, à tout ce qui n'est plus, un refus polémique de la célébration amnésique du présent qui caractérise les sociétés modernes. « Ce n'est ni déprimant, ni morbide, ni triste, dit-il à propos de *La Chambre verte*. C'est l'idée que la force du souvenir, de la fidélité et des idées fixes est plus forte que l'actualité. Ne pas se détacher des choses et des gens dont on ne parle plus : continuer à vivre avec, si on les aime. Je refuse d'oublier. »

Jean-Pierre Léaud et une photo
de Dorothée dans *L'Amour en fuite*.

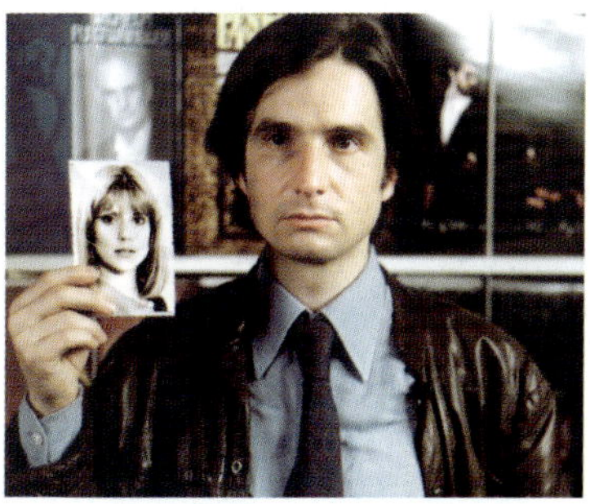

Changer de système

Bouleversés par le film, les proches de Truffaut le couvrent d'éloges dignes de ceux qu'avait reçus *Les Deux Anglaises et le Continent*. Le naufrage commercial est comparable. Truffaut est profondément blessé, et ne trouve pas de réconfort aux

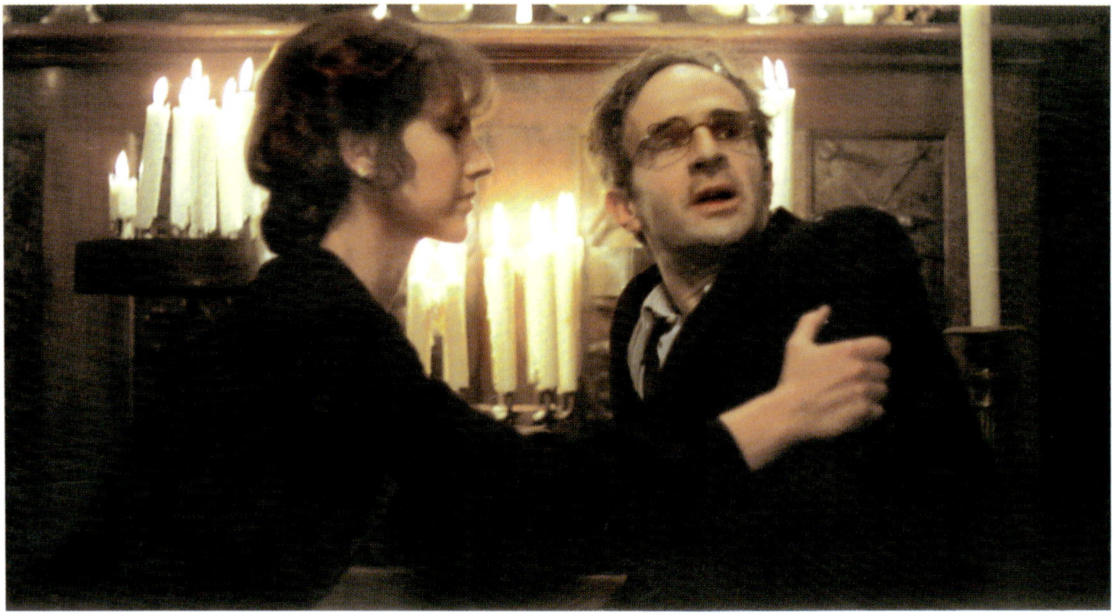

Des cierges pour les morts (Nathalie Baye et François Truffaut dans *La Chambre verte*).

États-Unis, où l'accueil est morose. Fatigué, abattu, perturbé par ses premiers problèmes de santé, il se sent soudain vieillir et craint que son heure ne commence à passer. Les Artistes Associés sont pressés de compenser l'échec de *La Chambre verte*. Truffaut a le même réflexe, et choisit la solution de facilité : ressusciter Doinel, qu'il croyait avoir enterré avec *Domicile conjugal*, pour un dernier tour de piste destiné à renflouer les caisses. *L'Amour en fuite* récapitule la vie du personnage. Truffaut conçoit avec Marie-France Pisier un récit en mosaïque, qui intègre au présent de Doinel des fragments de son passé via des extraits des épisodes précédents. Truffaut se lance dans le tournage la mort dans l'âme, persuadé de la médiocrité du scénario. *L'Amour en fuite* est un film maladroit, engoncé dans une construction en flash-back laborieuse, un de ceux que Truffaut n'aimera pas revoir.

Mais c'est une excellente affaire pour le Carrosse. Sur les conseils de Gérard Lebovici, son agent et grand manitou du cinéma français, Truffaut a décidé avec Berbert de se passer du soutien des Artistes Associés pour ce « petit film ». Tous les bénéfices vont au Carrosse. Cette « manœuvre plutôt douteuse », selon le responsable français de la major, précipite la fin d'un système de coproduction instauré en 1967. Système unique en France, qui a permis à Truffaut de tourner onze films cofinancés par Hollywood. Désormais, le Carrosse devra s'inventer une autre économie, s'adapter à la nouvelle donne du cinéma français tel qu'est en train de le révolutionner Lebovici. Le patron d'Artmedia, devenu producteur et distributeur, crée un pôle industriel qui couvre la totalité du champ cinématographique. Il convainc Truffaut de renoncer aux coproductions étrangères, de prendre place dans le nouveau système de financement, qui s'appuie sur les chaînes de télévision, l'argent public et les préventes à l'étranger.

Au printemps 1979, pour la première fois depuis ses débuts, Truffaut n'a pas de projet. Orphelin de Doinel, fatigué par une décennie traversée à toute allure à la tête d'une petite entreprise fragile mais efficace, auteur d'une quinzaine de films qu'il sait inégaux, mais qu'il assume pour les avoir tous librement choisis, il sait devoir trouver un troisième souffle. Placé au cœur du nouveau système par sa proximité avec Gérard Lebovici, il saura y conserver son indépendance et devenir, après la mort de Renoir, le nouveau « patron » du cinéma français.

Acteur et pédagogue (François Truffaut dans *La Chambre verte*).

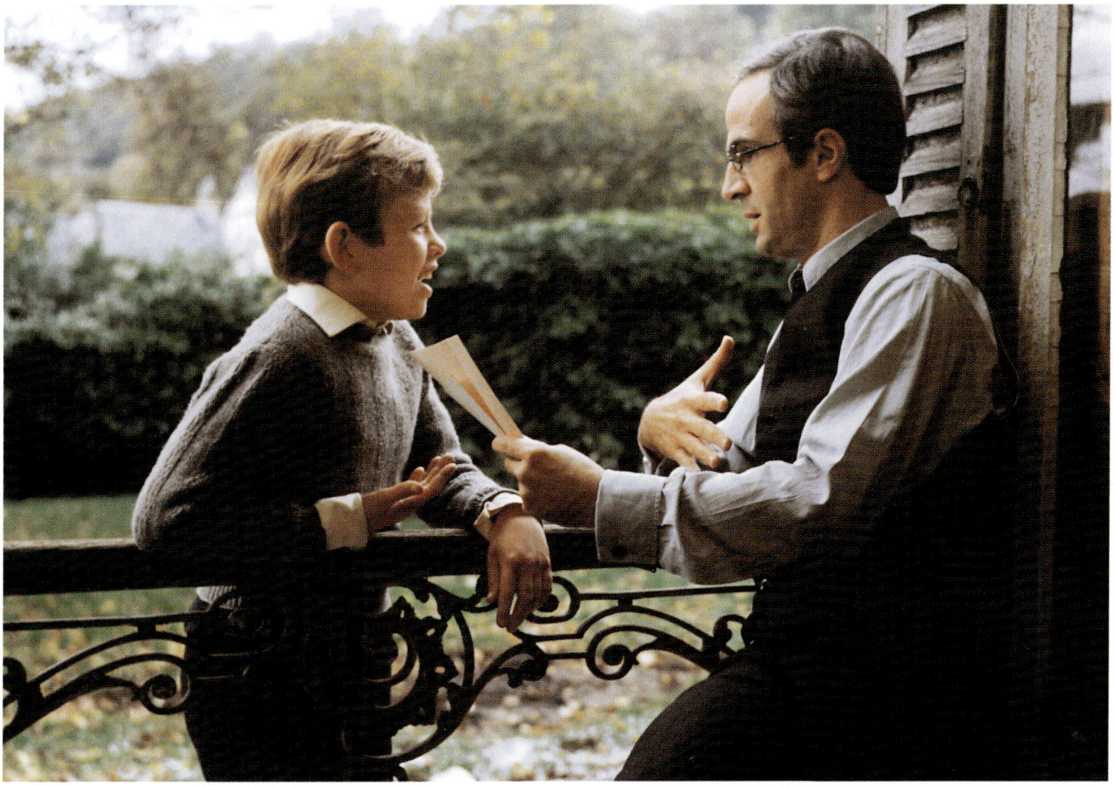

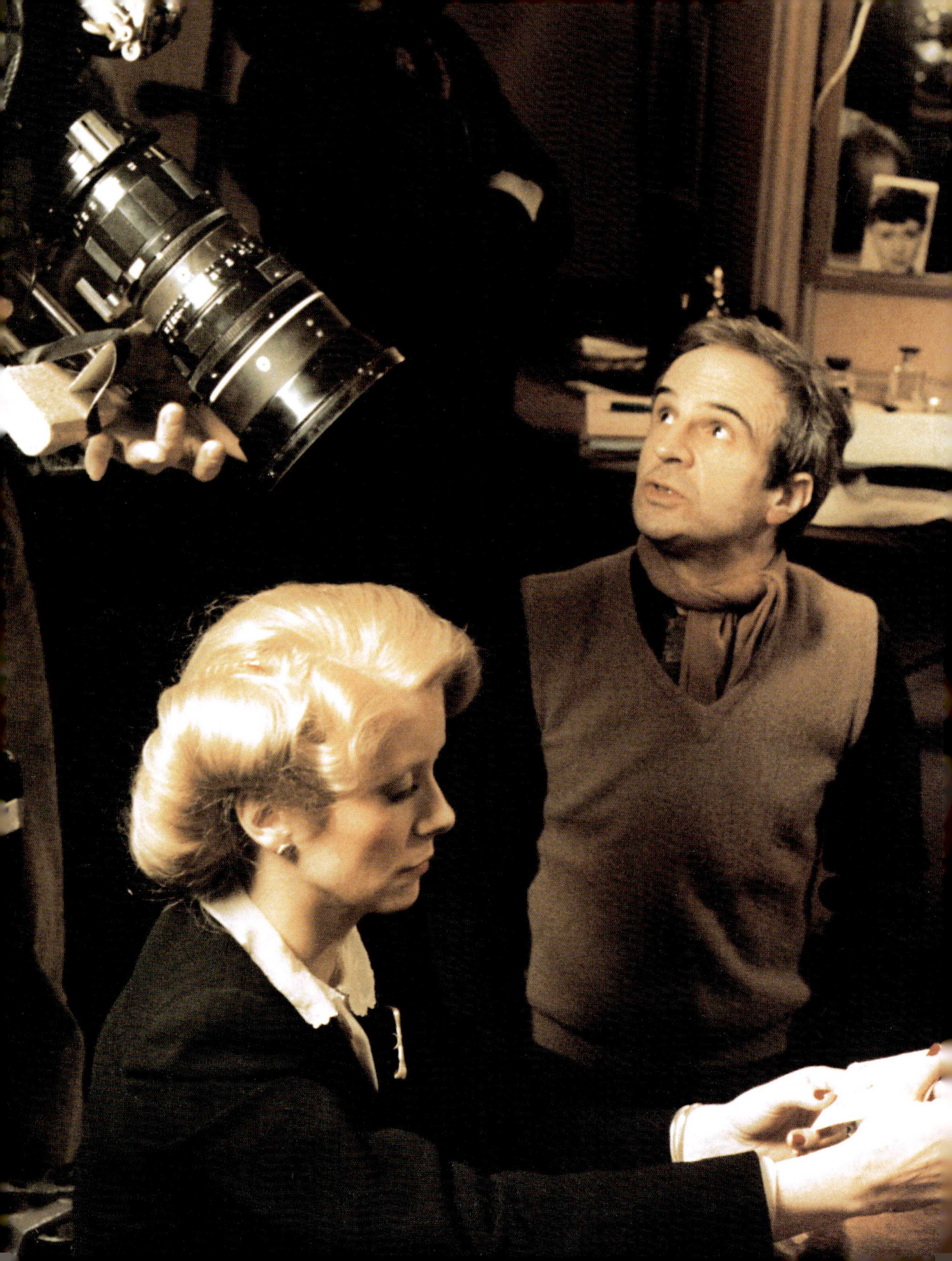

Truffaut, patron du cinéma français ?

Du *Dernier Métro* à *Vivement dimanche !*

Un nouveau malentendu

Après un échec douloureux (*La Chambre verte*) et un demi-succès frustrant (*L'Amour en fuite*), Truffaut cherche le film ambitieux qui réanimerait un Carrosse au ralenti.

Le Dernier Métro réunit en un même film deux sujets qui le travaillent depuis longtemps : le théâtre et l'Occupation. Truffaut avait aidé la distribution du *Chagrin et la Pitié* (1971), le documentaire fleuve de Marcel Ophuls qui, le premier, proposait un « récit non légendaire » de cette période. Représenter l'Occupation, c'est pour Truffaut trouver l'équilibre de deux enjeux : convoquer ses souvenirs d'enfant d'une période grise et ambiguë, évoquer la vie quotidienne des Parisiens sans parti pris idéologique ni héroïsme.

Le Dernier Métro chronique la vie d'un théâtre dans la France de Vichy, les efforts et compromis nécessaires pour que le spectacle continue. Truffaut applique le schéma dramaturgique de *La Nuit américaine* à un contexte moins frivole : vue des coulisses, la création est un arrangement permanent entre les soucis de la vie et la nécessité du travail.

C'est de loin la plus grosse production jamais montée par Les Films du Carrosse. Lebovici convainc TF1 d'investir et la Gaumont de prendre le film en distribution. Dix ans après *La Sirène du Mississippi* et neuf après leur rupture, Truffaut a écrit le rôle de Marion Steiner, la directrice du théâtre, pour Catherine Deneuve. Pour le rôle de Granger, le jeune acteur amoureux de Marion, il contacte la nouvelle star masculine du cinéma français, Gérard Depardieu. Celui-ci se montre d'abord réticent, voyant en Truffaut un cinéaste dépassé. Mais leur rencontre est un coup de foudre, prélude à une profonde amitié.

Page de gauche :
Avec Catherine Deneuve
sur le tournage du *Dernier Métro*.

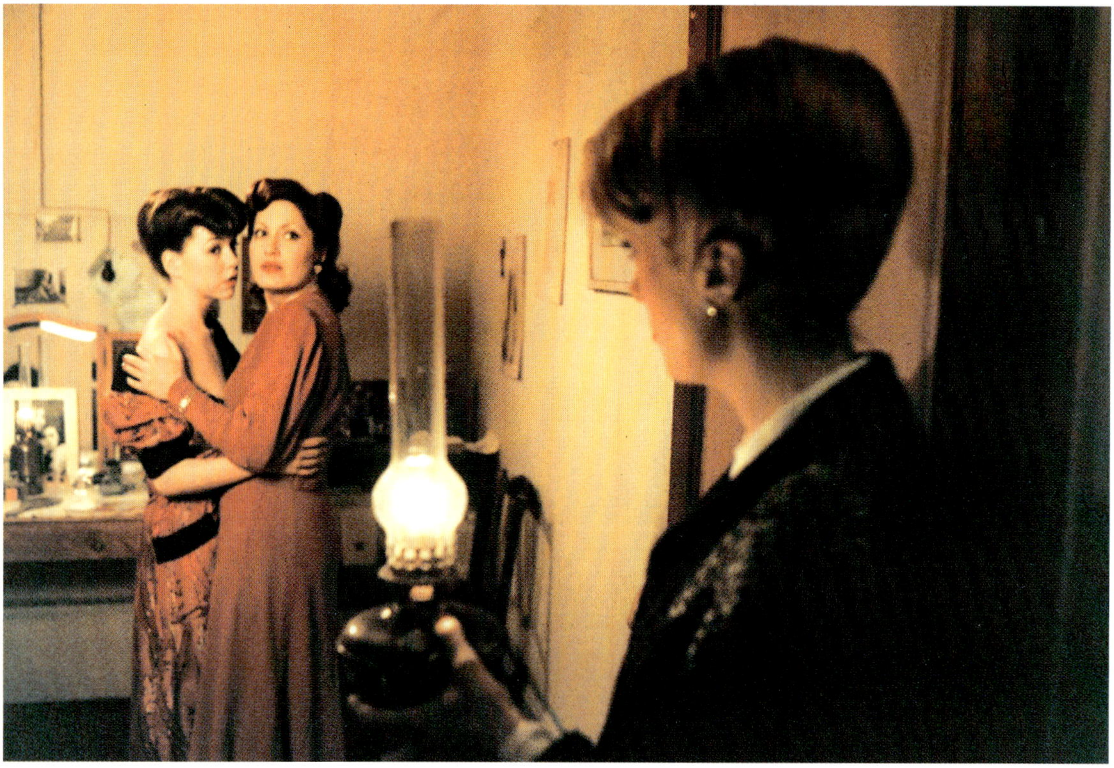

Le désir en coulisses (Sabine Haudepin, Andréa Ferréol et Catherine Deneuve dans *Le Dernier Métro*).

Proche de *La Nuit américaine*, *Le Dernier Métro* s'inscrit dans la veine tiède et consensuelle du cinéma de Truffaut. Nouvel avatar de ce démocratisme du second rôle, qui dilue l'intensité du drame et la singularité des caractères dans une accumulation de scènes pittoresques, de petits numéros où chaque personnage confirme son archétype. Le souci pédagogique dérive en dialogues démonstratifs et improbables, comme dans la scène où Lucas Steiner, s'affublant d'un faux nez crochu, demande d'un ton indigné « ce que c'est d'avoir l'air juif ».

C'est le plus grand succès commercial de Truffaut. *Le Dernier Métro* touche un public très large, populaire et jeune, bien au-delà des cinéphiles et des connaisseurs de l'œuvre. Lors de la cérémonie des Césars, le film remporte dix trophées, dont tous les principaux. Ce plébiscite de la profession change le statut de Truffaut, le place au centre et au sommet du cinéma français. Cet unanimisme le gêne, car il donne une fausse image de sa personne et de son travail, celle de « Commandeur du cinéma français, de Patron de cette industrie, voire de Parrain de cette corporation ». S'il est devenu le « patron », c'est

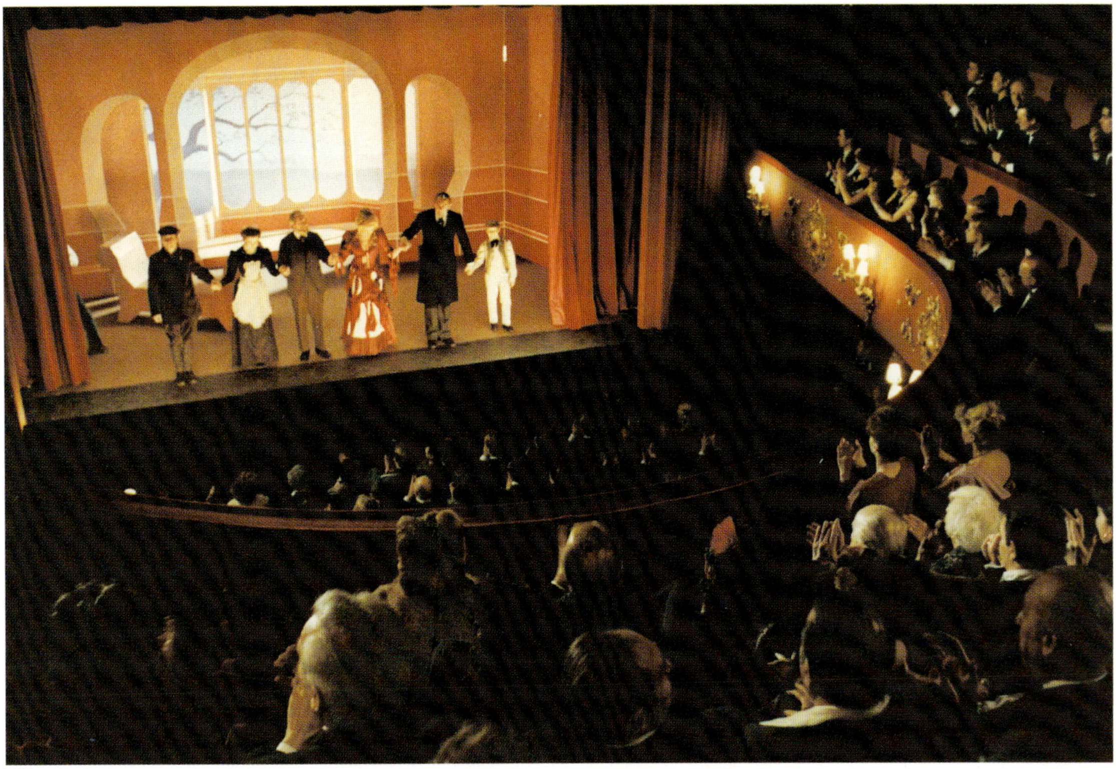

Le Dernier Métro, chronique de la vie d'un théâtre sous l'Occupation.

au sens où lui et ses amis critiques surnommaient Renoir : la figure majeure du cinéma français, auteur libre et souverain d'une œuvre à l'écart des modes. Loin de profiter de son succès pour acquérir du pouvoir, Truffaut veut rester un artisan indépendant, ne devant de comptes à personne. Il refuse la Légion d'honneur, décline toutes les propositions corporatistes, comme celle de présider la Société des réalisateurs de films ou la Cinémathèque française.

La passion et la prudence

Au tournant des années quatre-vingt, plusieurs décès affectent l'auteur de *La Chambre verte*. Parti se reposer à Beverly Hills après la fin du tournage du *Dernier Métro*, il apprend à son arrivée la mort d'Hitchcock. Il se rend à l'hommage au cinéaste, dans la même église où, un an plus tôt, « c'est à Jean Renoir qu'on avait dit adieu ». Les deux maîtres et amis sont morts juste avant la consécration de l'élève, qui n'aura plus le même plaisir à séjourner à Los Angeles.

À l'hiver 1979, François Truffaut a un « coup de foudre télévisuel » pour l'actrice principale des *Dames de la côte*,

Le Dernier Métro.

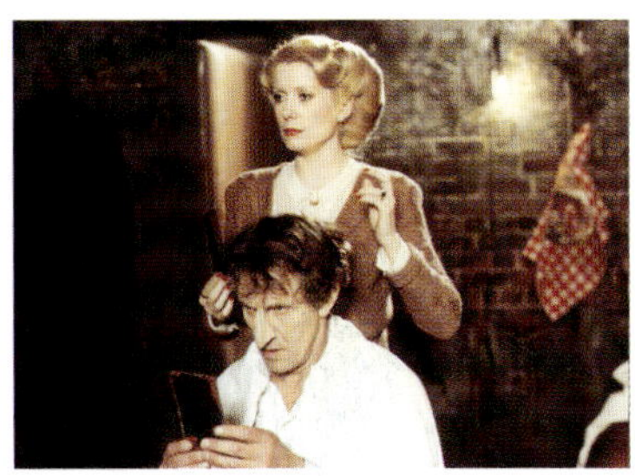

François Truffaut par Serge Daney

« Ce n'est plus tellement un secret. On peut donc le dire : il y a deux Truffaut. Deux auteurs pour une œuvre double. Un Truffaut-Jekyll et un Truffaut-Hyde qui, depuis plus de vingt ans, font mine de s'ignorer. L'un respectable et l'autre louche, l'un rangé et l'autre dérangeant. [...] Le Truffaut-Jekyll plaît aux familles. Il les rassure. Il y a toute une série de films signés François Truffaut qui ne sont rien d'autre que la tentative, plus ou moins réussie, de *reconstruire* des familles. Étrange projet, bien loin du "famille, je vous hais" que l'on avait cru (à tort) entendre dans son premier films (*Les Quatre Cents Coups*). La façon dont Truffaut-Jekyll procède est toujours la même : il pratique une sorte de chimie des affinités et des incompatibilités et à partir d'un élément isolé (par exemple un enfant perdu ou trouvé), il essaie de voir dans quel ensemble on peut l'intégrer, combien de personnages on peut ainsi additionner (un plus un plus un...), jusqu'à ce qu'il y ait saturation. Ces ensembles s'appellent la Famille (adoptive), la Culture, la Société, le Cinéma (Truffaut est un héritier des grands cinéastes du passé).

Le ménage à trois (de *Jules et Jim* au *Dernier Métro*) est un cas de figure possible. Mais savoir si un enfant "sauvage" peut être repris dans la famille Homo Sapiens, sous la férule émue du professeur Truffaut-Itard, est un autre cas de figure (*L'Enfant sauvage*). Cette chimie édifiante culmine dans *La Nuit américaine* où le tournage d'un film est prétexte à montrer "la grande famille du cinéma" et dans *Le Dernier Métro* où, cette fois, la famille est une troupe théâtrale en France occupée, avec le branchement astucieux d'un auteur juif à la cave, d'une actrice blonde sur scène et d'un jeune premier amoureux et résistant à la ville.

Tous ces petits mondes sont, si l'on veut, la partie Renoir de l'iceberg Truffaut, mais sans le mélange de cruauté et de bienveillance bourrue propre à Renoir. Il y a aussi l'idée d'un théâtre social d'où toute pulsion trop violente doit être gommée, l'idée d'une réconciliation de tous avec tous, un œcuménisme assez craintif.

Le Truffaut-Hyde est tout le contraire. Asocial, solitaire, passionné à froid, fétichiste. Il a tout pour faire peur aux familles car il les ignore absolument, occupé qu'il est à vivre des passions exclusives et privées. Il y a ainsi toute une série de films signés François Truffaut centrés sur des couples bizarres et stériles, dégageant un fort parfum de cadavre et d'encens. Des couples composés d'un homme et d'une effigie : femme vivante ou morte, image de femme, défilé de femmes, cuisse de femme. Les films de cette série furent toujours des semi-échecs commerciaux et la maison Truffaut et Co, soucieuse de son image de marque, fit en sorte que la branche Hyde ne sorte pas trop souvent, sinon en rasant les murs. *La Peau douce, L'Homme qui aimait les femmes, La Chambre verte,* appartiennent à cette série. Fantasmes de collectionneur : *L'Homme qui aimait les femmes* (et qui en meurt) est un beau film sur la solitude de l'homme qui ne change pas auprès des femmes, qui, à ses côtés, se succèdent. Car ce n'est pas telle ou telle femme qui compte, mais la *place*, toujours la même, qu'elles occupent tour à tour. »

Serge Daney,
« La Femme d'à côté » (extrait),
Libération, 30 septembre 1981.

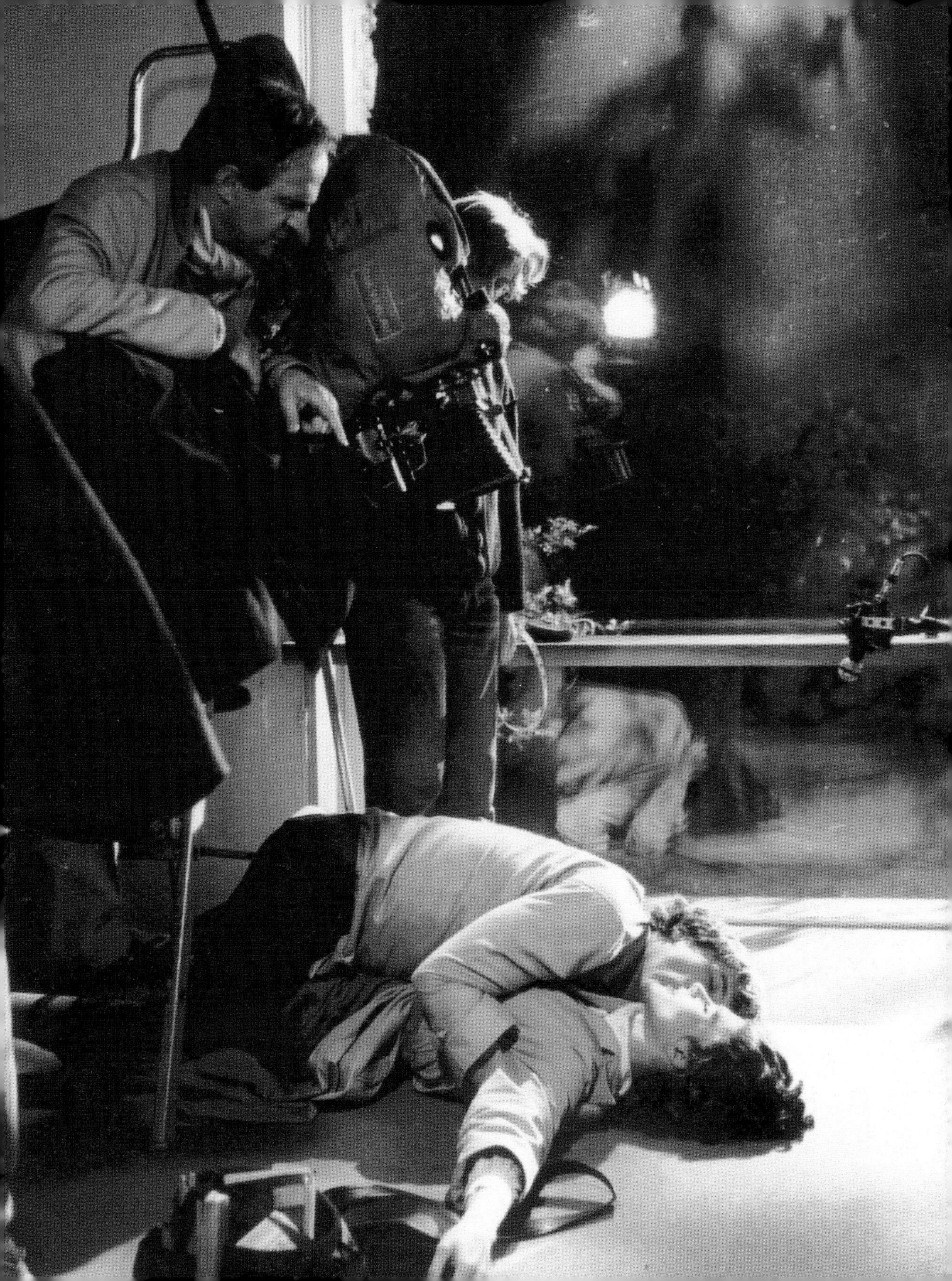

Page précédente :

Tournage de *La Femme d'à côté.*

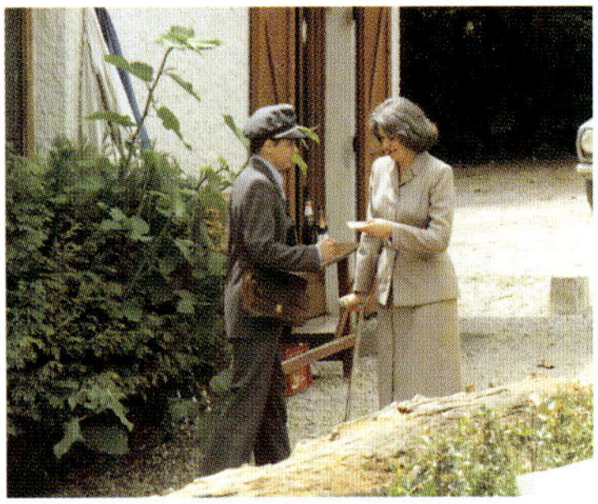

Une lettre pour la narratrice (Véronique Silver dans *La Femme d'à côté*).

L'amante dans le miroir, la femme-image (Gérard Depardieu et Fanny Ardant dans *La Femme d'à côté*).

une saga familiale qui le passionne comme des millions de Français. Fanny Ardant sera l'héroïne de ses deux derniers films, et le dernier grand amour de sa vie. L'évidence lui saute aux yeux, Depardieu et Ardant seront les amants du « film-passion » qu'il a commencé à écrire. Pour fuir les malentendus du succès, casser son image de cinéaste installé, Truffaut s'est lancé sans attendre dans un projet conçu comme l'exact opposé du précédent. Après l'un de ses tournages les plus longs et coûteux, après la reconstitution d'époque et la facture classique du *Dernier Métro*, *La Femme d'à côté* sera vite écrit, vite tourné avec un budget modeste, récit intense d'une passion destructrice.

Contre-pied réussi : personne n'ose contester ce film intimiste et jusqu'au-boutiste, qui séduit un public nombreux et souvent bouleversé. *La Femme d'à côté* appelle pourtant un jugement plus nuancé : le meilleur de Truffaut y succède au pire, dans un écart très frappant. Le meilleur, c'est la description de la passion, la succession des scènes à deux entre Bernard et Mathilde. L'amour des comédiens

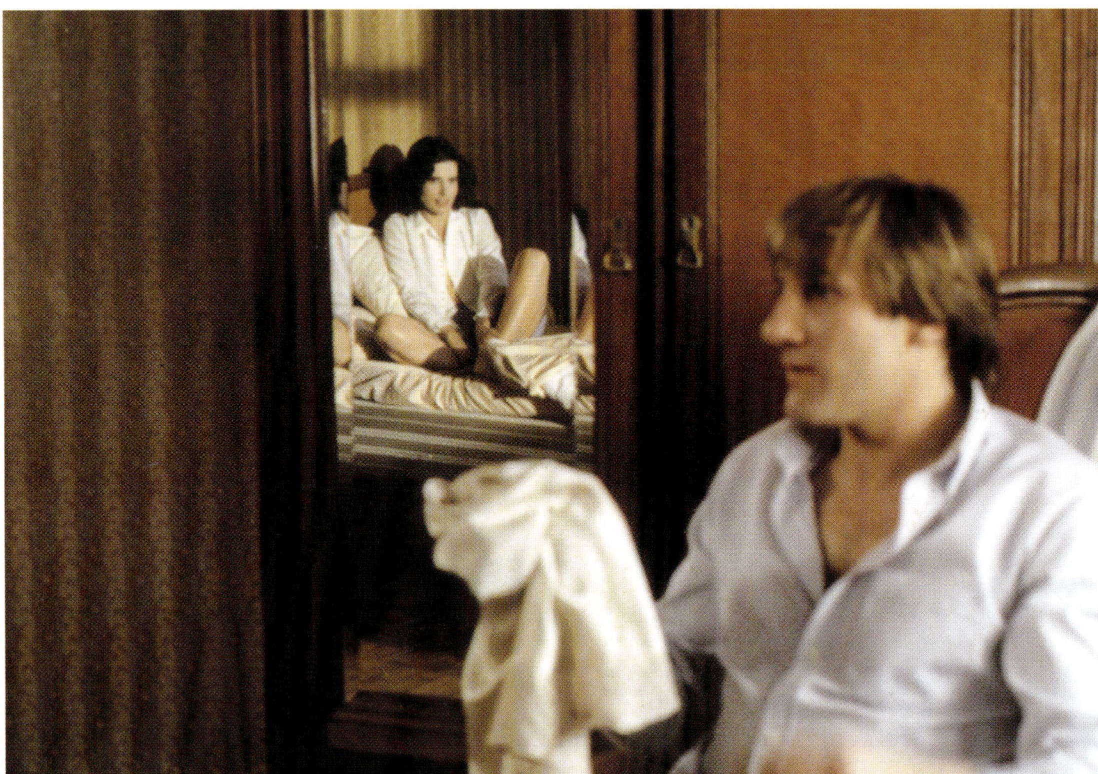

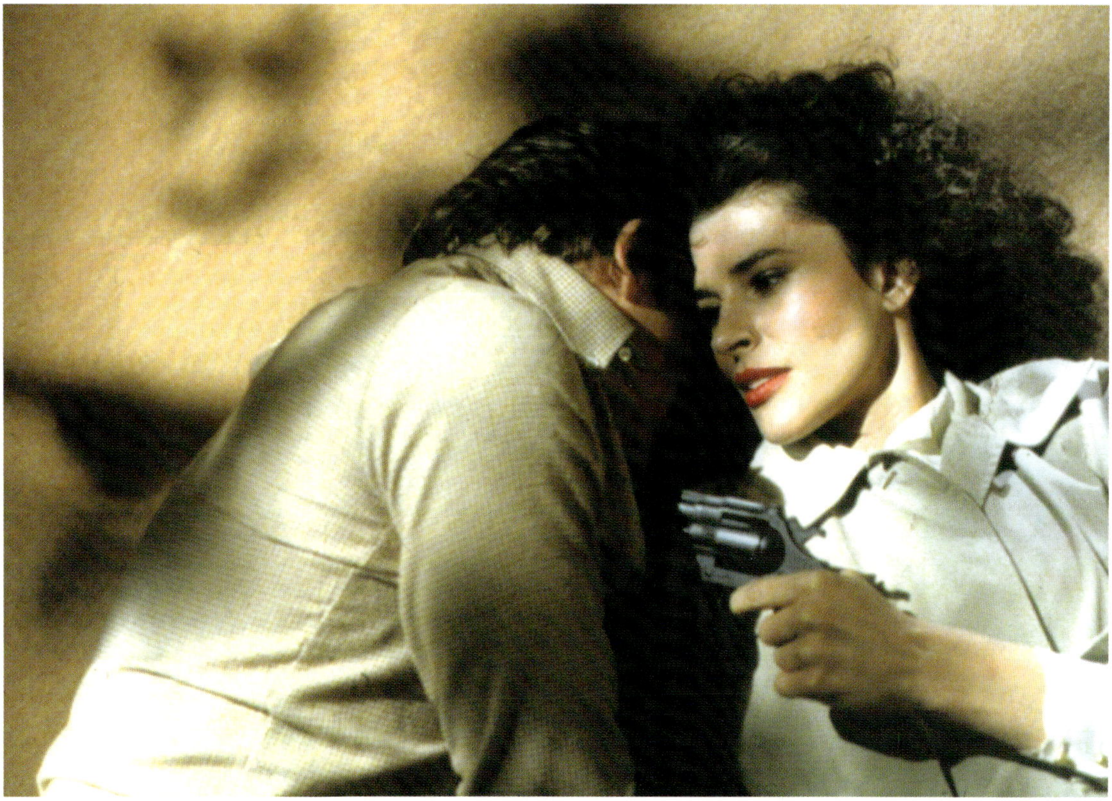

fait de Truffaut un directeur de casting rarement pris en défaut : Depardieu-Ardant, c'est un des plus beaux couples du cinéma français. Grâce à eux, au tranchant des dialogues et du découpage, le récit de la passion traverse les stéréotypes.

L'amour à mort (Gérard Depardieu et Fanny Ardant dans *La Femme d'à côté*).

Le pire, c'est ce qui précède : la laborieuse exposition de la situation, des personnages, qui prépare la mise à feu à grand renfort de lourdes métaphores – les chats faisant l'amour – et de dialogues téléphonés – « Elle est belle la voisine, tu ne trouves pas ? ». Le rapprochement avec *La Peau douce*, récit comparable d'une passion tragique, éclaire le grand écart de *La Femme d'à côté* et l'évolution de Truffaut d'un film à l'autre. Sans doute échaudé par l'échec de 1964, il semble avoir veillé à ne pas répéter ce qu'il considérait comme une erreur : la sécheresse et l'austérité radicales d'un récit au présent, qui prenait le spectateur en otage d'un malaise crescendo jusqu'au meurtre final.

En vingt ans de carrière, Truffaut n'est pas tant devenu sage ou tiède – *La Femme d'à côté* vibre par moments d'une intensité que n'atteignait pas *La Peau douce* – que prudent à l'égard du public. Son obsession de la clarté, sa crainte de perdre le spectateur le conduisent à « souligner en rouge », comme le dit son monteur Yann Dedet[16]. Cette obsession de la clarté est à double tranchant. Dans le cas d'un scénario complexe, elle en souligne avec bonheur les lignes de force, les arabesques. Quand le sujet est audacieux, réclame de la crudité, elle donne au film une franche vigueur, une frontalité sans manières trop rares dans le cinéma français. Ces qualités sont celles des *Deux Anglaises et le Continent* ou de *L'Homme qui aimait les femmes*. Mais appliquée à un récit simple et linéaire, à un engrenage comme celui de *La Femme d'à côté*, l'obsession de clarté produit un excès d'explications, une insistance démonstrative qui font fuir la vitalité et pencher vers le film à thèse.

16. « Il voulait par-dessus tout que tout le monde comprenne et il n'hésitait pas, par exemple, à faire répéter deux fois le nom d'un personnage qu'on entendait pour la première fois. » Catherine Deneuve évoque « une inquiétude et un souci de précision qui donnaient parfois l'impression qu'il ne faisait pas confiance à l'image ou au spectateur, qu'il fallait renforcer, expliquer ». (Cités dans Carole Le Berre, *Le Roman de François Truffaut*, Paris, Cahiers du cinéma, 1985, p. 104 et p. 130.)

À la sortie de *La Femme d'à côté*, Truffaut estimait être aux deux tiers de sa carrière. Il voulait faire encore dix films et se retirer, convaincu que le cinéma tel qu'il le concevait était en train de s'éteindre, à cause de l'évolution des techniques et du public.

Dernière fantaisie d'auteur

Une femme aux commandes (Fanny Ardant et Jean-Louis Trintignant dans *Vivement dimanche !*).

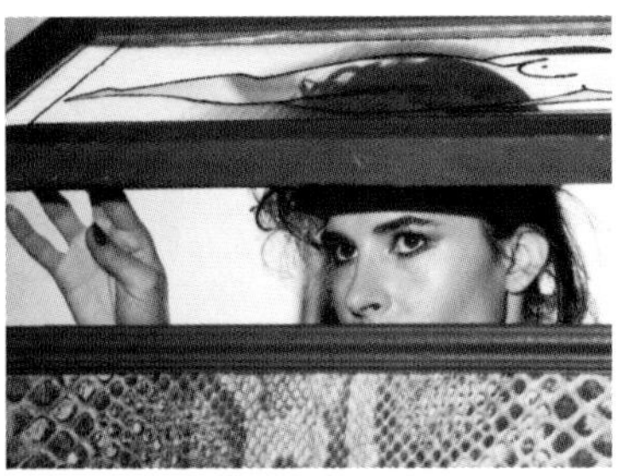

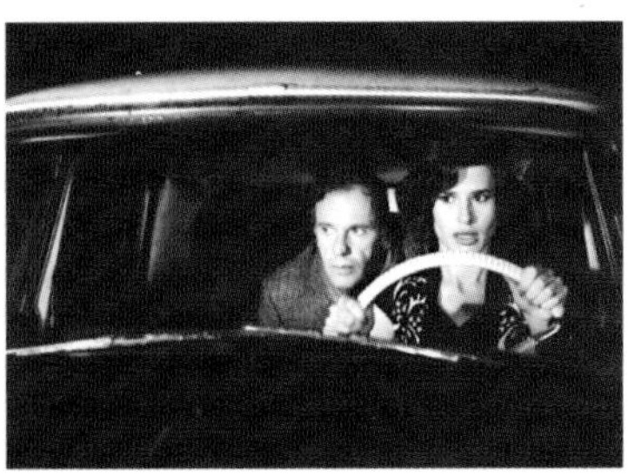

Après *La Femme d'à côté*, Truffaut connaît une nouvelle période de grand bonheur avec Fanny Ardant. Les deux amants partageant le même goût pour la liberté et la marginalité, chacun vit seul chez lui. Voisins, ils se retrouvent pour partager leur passion des livres et du cinéma.

Douze ans après l'échec de *La Sirène du Mississippi*, il adapte à nouveau une série noire pour en offrir le personnage principal à sa compagne : *The Long Saturday Night* de Charles Williams. Soucieux de ne pas répéter l'erreur de *La mariée était en noir*, il tient absolument à tourner en noir et blanc et demande à Almendros de « restituer l'ambiance nocturne, mystérieuse et brillante des comédies américaines policières qui, autrefois, nous enchantaient ». Le rôle masculin est confié à Jean-Louis Trintignant, ultime alter ego de Truffaut à l'écran, le dernier d'une série de petits bruns secs et angoissés. Selon lui, Trintignant aurait été le seul à pouvoir jouer les rôles du docteur Itard, de Julien Davenne ou de Ferrand. *Vivement dimanche!* est, de l'aveu de son auteur, « un film du samedi soir, conçu pour faire plaisir ». Un pur divertissement, enlevé

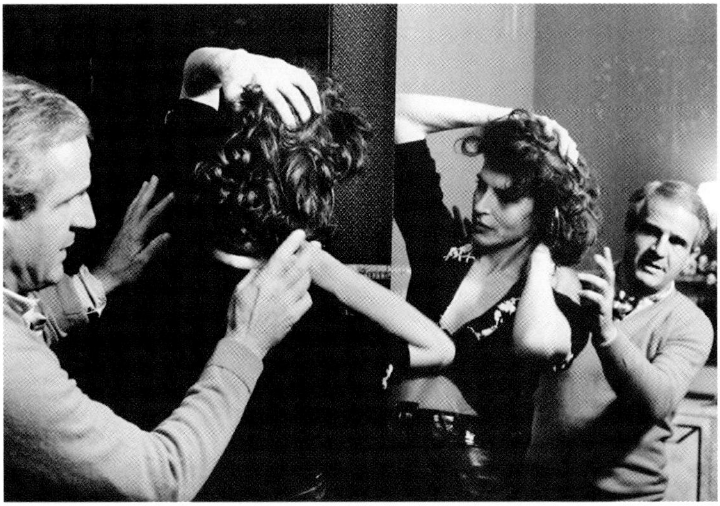

Truffaut dirige Fanny Ardant dans *Vivement dimanche !*

et d'une grande beauté plastique, dans lequel il s'amuse à glisser des gages d'auteurisme : le visage de cire aux yeux grands ouverts d'une femme morte, réminiscence des mannequins de *L'Homme qui aimait les femmes*, Ardant déguisée en prostituée, Trintignant hypnotisé par les jambes des femmes passant en ombre chinoise sur l'écran d'un soupirail…

Truffaut aura été, jusqu'à la caricature, la parfaite incarnation de son concept de « politique des auteurs ». Les livres, les femmes, la mort, l'enfance, la fidélité au passé : cinq ou six sujets ressassés, développés de film en film. Peu d'œuvres ont cette cohérence, offrent ainsi le plaisir musical de la variation infinie.

Mais le ressassement a ses limites lorsqu'il n'est pas soutenu par la hauteur de vue d'un poète, par l'ampleur cosmique et la puissance pénétrante de la poésie. S'il fut « un écrivain », comme le dit Depardieu, Truffaut n'était pas poète – il avait peu de goût pour la poésie –, mais romancier populaire. Il s'est formé à l'adolescence un goût et un répertoire d'obsessions et de principes immuables, une vision du monde simple et fruste. Ce fut sa force, mais aussi la limite de sa vision d'auteur. Ainsi, sa manie de l'autocitation agace lorsqu'elle fait revenir dans plusieurs films des détails fétichistes comme le chaton lapant le lait dans le plateau posé devant la porte des amants (*La Peau douce, L'Homme qui aimait les femmes, La Nuit américaine*), ou l'interrogation sur le caractère magique des femmes (*Baisers volés, La Nuit américaine, Vivement dimanche !*).

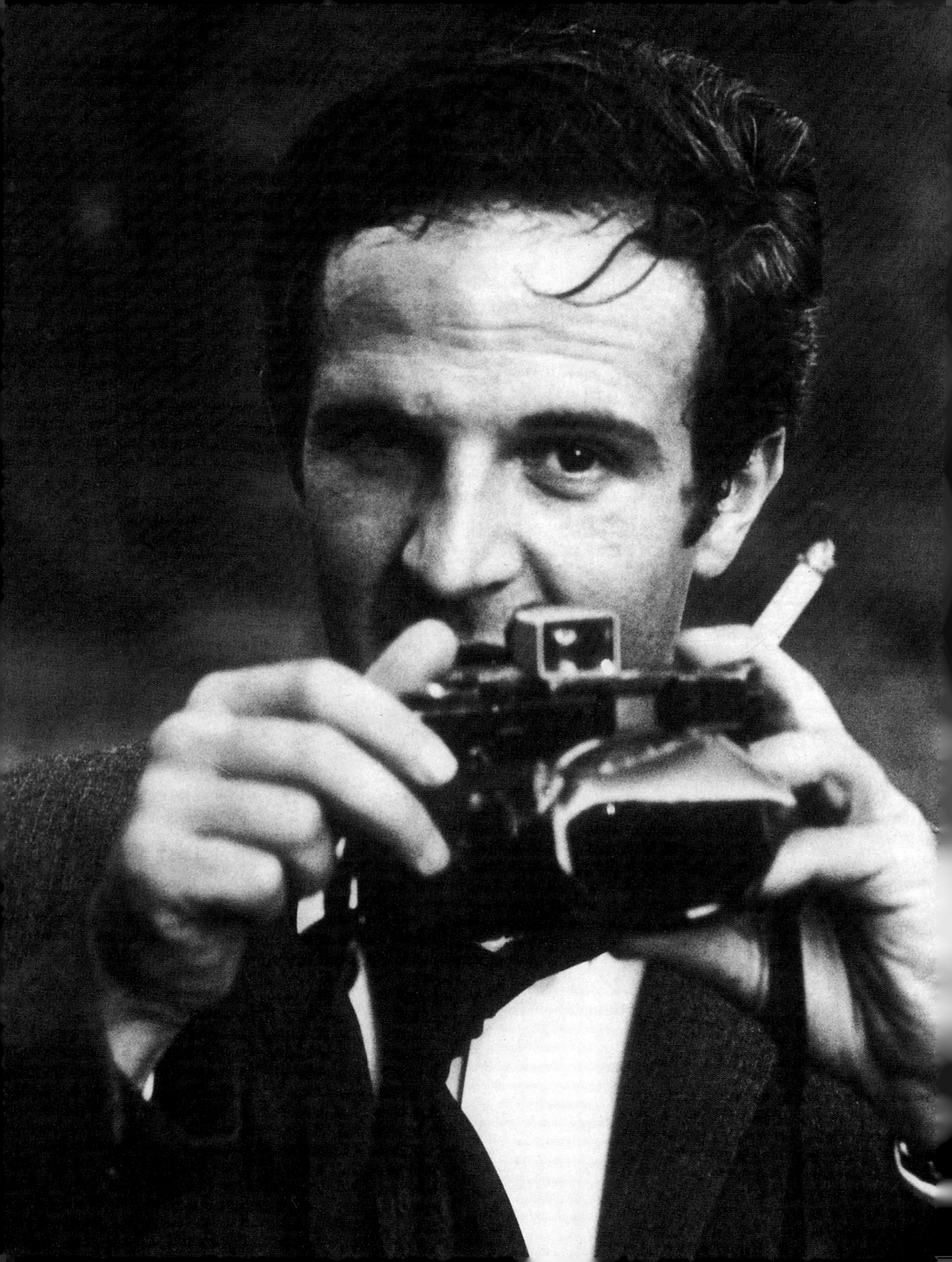

Épilogue : l'excès et la modestie

Début juillet 1983, Truffaut s'installe pour l'été avec Fanny Ardant dans une maison près de Honfleur. Il prévoit de s'y reposer, d'y travailler à ses projets. Fanny attend un enfant pour fin septembre. Selon Depardieu, « Truffaut en avait fini avec son passé ». Mais le 12 août au soir, il est victime d'un malaise. Un chirurgien identifie une tumeur au cerveau et prévient Madeleine Morgenstern que son ancien mari n'a plus que quelques mois, au plus un an à vivre. Truffaut ne connaît pas la gravité de son mal et, après son opération, croît entamer une longue convalescence. Il se remet au travail, commence par reconstituer, avec Martine Barraqué, la version non mutilée des *Deux Anglaises et le Continent*. Il consacre ses dernières forces à mettre en ordre ses archives, les dossiers qu'il constitue depuis son adolescence. La dernière visite est celle de son plus ancien ami, Robert Lachenay. Après trois semaines d'une douloureuse agonie, veillé par Fanny, Madeleine, Laura et Éva, il meurt le 21 octobre. Des milliers de personnes assistent à l'enterrement de ses cendres au cimetière Montmartre, dans le quartier de son enfance.

C'est rendre justice au meilleur de l'œuvre que de considérer qu'elle s'achève avec la version intégrale des *Deux Anglaises*. L'échec douloureux d'un film aussi personnel avait produit une cassure, incitant Truffaut à doubler sa pratique du contre-pied d'un souci « d'alternance entre les films qui reposent sur un personnage et ceux qui cherchent à créer un équilibre entre les personnages ». Cette alternance recoupe à peu près le partage décisif de l'œuvre : entre les films de l'excès et ceux de la mesure. Truffaut n'a jamais pu se passer de la fièvre, d'une certaine violence, pour transcender un imaginaire limité à ses obsessions. Son cinéma ne supportait pas la mesure, difficilement l'équilibre. C'est pourquoi, des deux périodes vers lesquelles l'attirait son passéisme, le cinéma muet fut un modèle plus profitable que la tradition classique, américaine ou française. Au-delà des deux maîtres hors catégorie que furent Hitchcock et Renoir, Truffaut a réalisé de meilleurs films sous l'influence de Griffith et Chaplin (*Les Deux Anglaises et le Continent* ou *L'Enfant sauvage*) que sous celle de Lubitsch et Prévert (*Domicile conjugal* ou *Le Dernier Métro*).

Le secret commun de l'homme et de l'œuvre est exprimé par son ami et scénariste Jean-Louis Richard en une phrase à laquelle il faut donner tout son poids : « C'est peut-être le seul homme vraiment modeste que j'aie jamais connu[17]. » Il n'était pas question d'ennuyer le public, de lui faire perdre son temps, ni de faire perdre de l'argent aux producteurs et aux financiers. Il avait fait sienne la phrase de Sartre : « Tout homme qui se croit indispensable est un salaud. » Truffaut tient dans cette contradiction : le cinéma est à la fois tout, la nécessité absolue de son existence, et pas grand-chose, rien qui justifie de poser à l'artiste ou de faire des caprices.

« Faire un film, c'est pour moi vivre » : la célèbre phrase d'Antonioni s'applique à peu de cinéastes comme à Truffaut. Elle exprime l'autre contradiction essentielle de son œuvre. Il disait d'une part détester le documentaire : il ne faut pas copier servilement la vie, mais styliser, condenser, pour séduire et divertir. D'autre part, le cinéma doit retrouver de la vie l'imperfection, la vibration. Peu d'œuvres exposent si frontalement la complexe articulation du cinéma et de la vie.

17. Carole Le Berre, *Le Roman de François Truffaut*, *op. cit.*, p. 91.

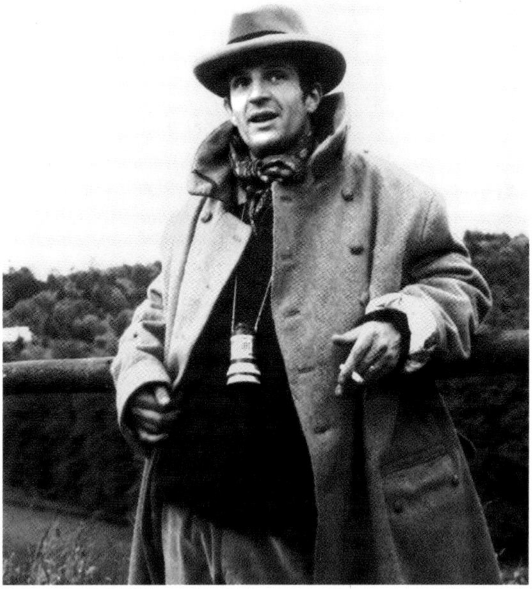

Biographie

6 février 1932. Naissance de François Truffaut à Paris, de père inconnu. En octobre 1933, avant d'épouser sa mère Janine de Montferrand, Roland Truffaut reconnaît l'enfant.
1942. Mort de sa grand-mère Geneviève, qui l'a élevé jusqu'à ses dix ans. François est pris en charge par ses parents. Enfant délaissé, il se réfugie dans la passion des livres et des films.
1946-1948. Truffaut quitte définitivement l'école, vit chez son ami Robert Lachenay et enchaîne les « petits boulots ».
1948. Il crée avec Robert Lachenay un éphémère ciné-club, le Cercle cinémane. Rencontre d'André Bazin. **Décembre.** Roland Truffaut fait placer son fils au Centre d'observation des mineurs de Villejuif.
1949. Formation au Festival de Biarritz d'un groupe d'amis cinéphiles : Truffaut rencontre Claude Chabrol, Éric Rohmer, Jacques Rivette, Jean Douchet.
1950-1951. Service militaire en Allemagne, déceptions amoureuses : tentatives de suicide. Truffaut se décrit comme « un autodidacte qui se hait ». Rencontre et relation d'amitié avec Jean Genet.
1952. Février. Installation chez André et Janine Bazin. Truffaut rassemble ses goûts et ses idées, prépare son entrée en scène.
1953. Premiers articles publiés dans les *Cahiers du cinéma*. Truffaut favorise l'entrée dans la revue des jeunes-turcs : Rivette, Godard, Rohmer, Chabrol.
1954. Janvier. Parution de l'article « Une certaine tendance du cinéma français » dans les *Cahiers du cinéma*. Scandale et début de la notoriété. Début de la collaboration à l'hebdomadaire *Arts*. Réalisation du court métrage *Une visite*.
1954-1955. Série d'articles instituant la politique des auteurs. Succession de scandales et polémiques critiques.
1955. Défense ardente de *Lola Montès* de Max Ophuls. Relation controversée avec l'ancien critique antisémite Lucien Rebatet.
1955-1956. Assistant de Roberto Rossellini. Découverte du roman *Jules et Jim*, correspondance avec Henri-Pierre Roché.
1956. Rencontre Madeleine Morgenstern et Pierre Braunberger au Festival de Venise. Campagne de réhabilitation critique de Sacha Guitry.
1957. Tournage des *Mistons*. Création de sa société de production Les Films du Carrosse. Mariage avec Madeleine Morgenstern.
1958. Tournage du court métrage *Une histoire d'eau*. **11 novembre.** Premier jour de tournage des *Quatre Cents Coups*, mort d'André Bazin.
1959. Naissance de sa première fille, Laura. Triomphe des

Quatre Cents Coups au Festival de Cannes. Truffaut aide Rivette à terminer *Paris nous appartient*, Le Carrosse coproduit *Le Testament d'Orphée* de Cocteau.

1960. *Tirez sur le pianiste*. Rencontre Helen Scott à New York. Signe le Manifeste des 121 contre la guerre d'Algérie.

1961. Passion amoureuse avec Jeanne Moreau, avant et pendant le tournage de *Jules et Jim*. Naissance de sa seconde fille, Éva.

1962. *Antoine et Colette*, court métrage pour le film à sketches *L'Amour à vingt ans*. Brève liaison avec Marie-France Pisier. Début des entretiens avec Alfred Hitchcock.

1963-1965. Difficile production de *Fahrenheit 451*. Truffaut décline la proposition de réaliser *Bonnie and Clyde*.

1964. Écriture et tournage dans l'urgence de *La Peau douce*. Divorce de François et Madeleine.

1965. Diffusion de *François Truffaut ou l'Esprit critique*, documentaire de la série *Cinéastes de notre temps* réalisé par Jean-Pierre Charlier.

1966. *Fahrenheit 451*. Parution du livre *Le Cinéma selon Hitchcock*.

1967. *La mariée était en noir*, première coproduction avec la major hollywoodienne Les Artistes Associés. Mort de Françoise Dorléac.

1968. Mars. « Affaire Langlois » pendant le tournage de *Baisers volés*. **Mai.** Truffaut participe à l'arrêt du Festival de Cannes, mais boude les états généraux du cinéma. Enquête sur son véritable père : découverte bouleversante de ses origines juives.

1969. *La Sirène du Mississippi*, échec public. Histoire d'amour avec Catherine Deneuve. Tournage de *L'Enfant sauvage*.

1969-1970. Truffaut « homme public ». Télévision, radio, presse populaire : nombreuses interventions médiatiques, notamment sur la question de l'enfance. Diffusion de *François Truffaut, dix ans, dix films*, documentaire de la série *Cinéastes de notre temps* réalisé par Jean-Pierre Charlier.

1970. « Le Carrosse roule » : triomphe international de *L'Enfant sauvage*, tournage de *Domicile conjugal*. **Hiver.** Tombe en dépression suite à sa rupture avec Catherine Deneuve. Vend dans la rue, aux côtés de Sartre et Beauvoir, le journal maoïste interdit *La Cause du peuple*. Participe au sauvetage des *Cahiers du cinéma* mais demande à ce que son nom soit retiré du comité de rédaction.

1971. Tournage dans l'urgence des *Deux Anglaises et le Continent*. Grave échec commercial et critique malgré l'admiration de ses pairs.

1972. *Une belle fille comme moi*. Tournage de *La Nuit américaine*.

1973. Oscar du meilleur film étranger pour *La Nuit américaine*. Rupture violente avec Godard. Attaques médiatiques : Jean-Louis Bory, critique admiré par Truffaut, lui reproche de s'être « fait ramasser par le système ». Fatigué, Truffaut s'accorde deux années de repos.

1973-1974. Long séjour aux États-Unis : fréquentation des Renoir, passion pour l'affaire du Watergate. Intense activité critique : Truffaut préface deux recueils de textes d'André Bazin et rassemble une sélection de ses propres critiques dans *Les Films de ma vie*.

1975. Tournage éprouvant de *L'Histoire d'Adèle H.* à Guernesey. Truffaut est amoureux d'Isabelle Adjani, qui résiste à ses assauts. Tournage de *L'Argent de poche*.

1976. Interprète le rôle de Claude Lacombe dans *Rencontres du troisième type*, de Steven Spielberg. Tournage de *L'Homme qui aimait les femmes*.

1977. Succès et polémique de *L'Homme qui aimait les femmes*, attaqué par les féministes. Après des années de solitude et de conquêtes éphémères, début d'une longue liaison avec Marie Jaoul de Poncheville. Mort d'Henri Langlois et de Roberto Rossellini. Tournage de *La Chambre verte*.

1978. L'échec public de *La Chambre verte* l'affecte profondément. Résurrection d'Antoine Doinel pour *L'Amour en fuite*, produit sans Les Artistes Associés. Fin du système de coproduction avec Hollywood.

1979. Écriture du *Dernier Métro*, dont la production s'avère difficile. Mort de Jean Renoir.

1980. Triomphe du *Dernier Métro*, qui remporte dix Césars (en janvier 1981). Mort d'Alfred Hitchcock. Début de sa liaison avec Fanny Ardant.

1981. *La Femme d'à côté*. Truffaut s'engage en faveur de François Mitterrand et refuse la présidence de la Cinémathèque française et de la Société des réalisateurs français.

1982. Truffaut se bat pour tourner *Vivement dimanche!* en noir et blanc.

1983. Nombreux projets pour Depardieu et Ardant, dont la saga télévisée *00-14*. Quelques jours après la sortie de *Vivement dimanche!*, Truffaut a un malaise. Opéré en septembre d'une tumeur au cerveau. Il croit entamer une longue et pénible convalescence.

1984. Réédition augmentée du *Hitchcock-Truffaut*. Reconstitution de la version intégrale des *Deux Anglaises et le Continent*. En mars, il remet le César du meilleur film à Maurice Pialat pour *À nos amours*. Ébauche d'une autobiographie. Truffaut meurt le 21 octobre.

1985. Sortie de la version intégrale des *Deux Anglaises et le Continent*.

Filmographie

UNE VISITE **1954**

N&B. **Scénario** François Truffaut. **Image** Jacques Rivette. **Montage** Alain Resnais. **Production** Robert Lachenay. **Format** 16 mm. **Durée** 19 mn. Avec Laura Mauri, Jean-José Richer, Francis Cognany, Florence Doniol-Valcroze.

Un jeune garçon cherche une chambre à louer. Il s'installe dans l'appartement d'une jeune femme, à qui son beau-frère confie sa petite fille à garder.

LES MISTONS **1958**

N&B. **Scénario, adaptation et dialogues** François Truffaut, d'après la nouvelle de Maurice Pons, extraite des *Virginales* (Julliard). **Image** Jean Malige. **Montage** Cécile Decugis. **Musique** Maurice Le Roux. **Directeur de production** Robert Lachenay. **Production** Les Films du Carrosse. **Format** 16 mm. **Durée** 23 minutes. Avec Bernadette Lafont (Bernadette), Gérard Blain (Gérard), Michel François (Le narrateur).

L'été, à Nîmes, cinq gamins épient un couple d'amoureux. Fascinés par la beauté de Bernadette, ils les houspillent jusqu'à ce que l'un d'eux se fasse rosser par Gérard.

UNE HISTOIRE D'EAU **1958**

N&B. **Coréalisation** Jean-Luc Godard. **Image** Michel Latouche. **Montage** Jean-Luc Godard. **Production** Pierre Braunberger. **Format** 16 mm. **Durée** 18 mn. Avec Jean-Claude Brialy, Caroline Dim.

Inondations en banlieue parisienne. Les bus ne fonctionnent pas, une jeune femme fait de l'auto-stop et tombe sur un jeune homme au charme certain.

LES QUATRE CENTS COUPS **1959**

N&B. **Scénario** François Truffaut. **Adaptation et dialogues** François Truffaut et Marcel Moussy. **Image** Henri Decae. **Son** Jean-Claude Marchetti. **Décors** Bernard Évein. **Montage** Marie-Josèphe Yoyotte. **Musique** Jean Constantin. **Production** Les Films du Carrosse, SEDIF. **Durée** 1 h 33. Avec Jean-Pierre Léaud (Antoine Doinel), Albert Rémy (Le beau-père), Claire Maurier (La mère), Patrick Auffray (René Bigey), Georges Flamant (M. Bigey).

Antoine vit une fin d'enfance difficile dans le Paris populaire des années cinquante, entre ses difficultés scolaires et des parents peu affectueux, comme encombrés par leur fils. Un énième mensonge à l'instituteur le contraint à la fugue.

TIREZ SUR LE PIANISTE **1960**

N&B. **Scénario et adaptation** François Truffaut et Marcel Moussy, d'après le roman de David Goodis, *Down There*. **Dialogues** François Truffaut. **Image** Raoul Coutard. **Son** Jacques Gallois. **Décors** Jacques Mély. **Scripte** Suzanne Schiffman. **Montage** Cécile Decugis, Claudine Bouché. **Musique** Georges Delerue. **Producteur** Pierre Braunberger. **Production** Les Films de la Pléiade. **Durée** 1 h 25. Avec Charles Aznavour (Charlie Kohler), Marie Dubois (Léna), Nicole Berger (Thérésa), Michèle Mercier (Clarisse), Catherine Lutz (Mammy), Albert Rémy (Chico), Claude Mansard (Momo), Daniel Boulanger (Ernest).

Charlie Kohler joue du piano dans un bar parisien sous le regard amoureux de la serveuse Léna, qui connaît son passé de musicien virtuose. Elle voudrait l'aider à redevenir Édouard Saroyan. Mais le frère de Charlie est poursuivi par des truands, et le patron du bar est amoureux de Léna. Le couple se laisse prendre est dans l'engrenage.

JULES ET JIM **1962**

N&B. **Scénario, adaptation et dialogues** François Truffaut et Jean Gruault, d'après le roman de Henri-Pierre Roché *Jules et Jim* (Gallimard). **Image** Raoul Coutard. **Décors** Fred Capel. **Scripte** Suzanne Schiffman. **Montage** Claudine Bouché. **Musique** Georges Delerue. **Production** Les Films du Carrosse, SEDIF. **Durée** 1 h 40. Avec Jeanne Moreau (Catherine), Oskar Werner (Jules), Henri Serre (Jim), Marie Dubois (Thérèse), Boris Bassiak (Albert), Danielle Bassiak (La compagne d'Albert), Sabine Haudepin (Sabine), Vanna Urbino (Gilberte), Anny Nelsen (Lucie), Bernard Largemains (Merlin), Michel Subor (Le narrateur).

Dans les années 1900, à Paris, coup de foudre amical entre Jules, l'Allemand, Jim, le Français, et Catherine, jeune femme libérée. Jules épouse Catherine, la guerre sépare les deux amis. La paix revenue, Jim rend visite à Jules et Catherine dans leur chalet allemand. L'amour de Catherine oscille entre les deux hommes.

ANTOINE ET COLETTE **1962**

N&B. **Scénario** François Truffaut. **Image** Raoul Coutard. **Scripte** Suzanne Schiffman. **Montage** Claudine Bouché. **Musique** Georges Delerue. **Production** Ulysse Production, Les Films du Carrosse. **Durée** 29 mn. Avec Jean-Pierre Léaud (Antoine Doinel), Marie-France Pisier (Colette), Patrick Auffay (René), Rosy Varte (La mère de Colette), François Darbon (Le beau-père de Colette), Jean-François Adam (Albert Tazzi), Henri Serre (Le narrateur).

Antoine Doinel a dix-sept ans. Lors d'un concert, il remarque Colette, dont il tombe fou amoureux. Il va jusqu'à déménager en face du domicile de la jeune fille pour la séduire. Mais il n'est pour elle qu'un bon copain.

LA PEAU DOUCE **1964**

N&B. **Scénario** François Truffaut et Jean-Louis Richard. **Dialogues** François Truffaut. **Image** Raoul Coutard. **Scripte** Suzanne Schiffman. **Montage** Claudine Bouché. **Musique** Georges Delerue. **Production** Les Films du

Carrosse, SEDIF. **Durée** 1 h 54. Avec Françoise Dorléac (Nicole), Jean Desailly (Pierre Lachenay), Nelly Benedetti (Franca), Daniel Ceccaldi (Clément), Jean Lanier (Michel), Paule Émanuèle (Odile), Sabine Haudepin (Sabine), Laurence Badie (Ingrid), Gérard Poirot (Franck).
Pierre Lachenay, mari et père comblé, universitaire réputé, tombe amoureux de Nicole, hôtesse de l'air, lors d'un séjour à Lisbonne. Leur liaison est minée par la culpabilité et l'angoisse de Pierre. Lorsque sa femme le soupçonne d'adultère, il quitte le domicile conjugal.

FAHRENHEIT 451 1966

Scénario François Truffaut, Jean-Louis Richard, d'après le roman de Ray Bradbury. **Dialogues additionnels** David Rudkin, Helen Scott. **Image** Nicholas Roeg. **Son** Bob Mc Phee. **Montage** Thom Noble. **Musique** Bernard Herrmann. **Production** Lewis M. Allen, Vineyard Films Ltd. **Durée** 1 h 53. Avec Julie Christie (Linda Montag, Clarisse), Oskar Werner (Montag), Cyril Cusack (Le capitaine), Anton Driffing (Fabian).
Dans une société totalitaire où la lecture est interdite, les pompiers brûlent les livres trouvés chez les particuliers. Sous l'influence de Clarisse, le pompier Montag commence à douter de sa mission et à lire la nuit en cachette de sa femme.

LA MARIÉE ÉTAIT EN NOIR 1967

Scénario, adaptation et dialogues François Truffaut et Jean-Louis Richard, d'après le roman de William Irish, *The Bride Wore Black*. **Image** Raoul Coutard. **Son** René Levert. **Décors** Pierre Guffroy. **Scripte** Suzanne Schiffman. **Montage** Claudine Bouché. **Musique** Bernard Herrmann. **Production** Les Films du Carrosse, Les Productions Artistes Associés (Paris), Dino De Laurentiis Cinematografica (Rome). **Durée** 1 h 47. Avec Jeanne Moreau (Julie Kohler), Claude Rich (Bliss), Jean-Claude Brialy (Corey), Michel Bouquet (Coral), Michel Lonsdale (Morane), Charles Denner (Fergus), Daniel Boulanger (Delvaux), Serge Rousseau (David), Christophe Bruno (Cookie), Alexandra Stewart (Mlle Becker).
Julie a perdu son mari, tué par un ami lors d'un accident de chasse. Sa vengeance est sa mission : elle élimine un à un les membres du groupe d'amis passionnés de chasse et d'armes à feu.

BAISERS VOLÉS 1968

Scénario François Truffaut, Claude de Givray, Bernard Revon. **Image** Denys Clerval. **Son** René Levert. **Décors** Claude Pignot. **Scripte** Suzanne Schiffman. **Montage** Agnès Guillemot. **Musique** Antoine Duhamel. **Production** Les Films du Carrosse, Les Productions Artistes Associés. **Durée** 1 h 30. Avec Jean-Pierre Léaud (Antoine Doinel), Claude Jade (Christine), Daniel Ceccaldi (M. Darbon), Claire Duhamel (Mme Darbon), Delphine Seyrig (Fabienne Tabard), Michael Lonsdale (M. Tabard), André Falcon (M. Blady), Harry Max (M. Henri), Catherine Lutz (Mme Catherine), Christine Pellé (La secrétaire), Marie-France Pisier (Colette Tazzi).
Antoine Doinel a vingt-quatre ans. Réformé de l'armée, il cherche un emploi à Paris, fait la cour à Christine Darbon et à ses parents. Embauché dans une agence de détectives privés, Antoine est fasciné par madame Tabard, la femme d'un marchand de chaussures chez qui l'a conduit une enquête.

LA SIRÈNE DU MISSISSIPPI 1969

Scénario, adaptation et dialogues François Truffaut, d'après le roman de William Irish *Waltz Into Darkness*. **Image** Denys Clerval. **Son** René Levert. **Décors** Claude Pignot. **Scripte** Suzanne Schiffman. **Montage** Agnès Guillemot. **Musique** Antoine Duhamel. **Production** Les Films du Carrosse, Les Productions Artistes Associés (Paris, Produzioni Associate Delphos (Rome). **Durée** 2 h. Avec Catherine Deneuve (Marion), Jean-Paul Belmondo (Louis Mahé), Michel Bouquet (Comolli), Nelly Borgeaud (Berthe Roussel), Marcel Berbert (Jardine), Roland Thénot (Richard).
Louis Mahé, patron d'une usine de cigarettes de La Réunion, décide de se marier par petites annonces. Lorsque Marion débarque du Mississippi, *il ne reconnaît pas la jeune femme qu'il doit épouser. Convaincu par son explication, il lui fait confiance, jusqu'à ce qu'elle disparaisse avec sa fortune. Apprenant la vérité, Louis décide de traquer Marion pour la tuer.*

L'ENFANT SAUVAGE 1970

Scénario, adaptation et dialogues François Truffaut et Jean Gruault, d'après *Mémoire et Rapport sur Victor de l'Aveyron* de Jean Itard (1806). **Image** Nestor Almendros. **Son** René Levert. **Décors** Jean Mandaroux. **Première assistante** Suzanne Schiffman. **Scripte** Christine Pellé. **Montage** Agnès Guillemot. **Musique** Antonio Vivaldi. **Production** Les Films du Carrosse, Les Productions Artistes Associés. **Durée** 1h 23. Avec Jean-Pierre Cargol (Victor de l'Aveyron), François Truffaut (Le docteur Jean Itard), Françoise Seigner (Mme Guérin), Jean Dasté (Philippe Pinel), Paul Villié (Le vieux Rémy).
En 1798, des paysans découvrent un enfant sauvage dans une forêt de l'Aveyron. Refusant d'accréditer la thèse de l'idiotie de l'enfant, le docteur Itard entreprend de le civiliser.

DOMICILE CONJUGAL 1970

Scénario François Truffaut, Claude de Givray et Bernard Revon. **Image** Nestor Almendros. **Son** René Levert. **Décors** Jean Mandaroux. **Première assistante** Suzanne Schiffman. **Scripte** Christine Pellé. **Montage** Agnès Guillemot. **Musique** Antoine Duhamel. **Production** Les Films du Carrosse, Valoria Films (Paris), Fida Cinematografica (Rome). **Durée** 1 h 40. Avec Jean-Pierre Léaud (Antoine Doinel), Claude Jade (Christine Doinel), Daniel Ceccaldi (Lucien

Darbon), Claire Duhamel (Mme Darbon), Hiroko Berghauer (Kyoko), Barbara Laage (Monique).
Antoine Doinel a vingt-six ans, est marié avec Christine Darbon. Vie quotidienne dans la cour de l'immeuble, Antoine multiplie les petits boulots. Son fils naît, il succombe au charme d'une collègue japonaise et quitte le domicile conjugal.

LES DEUX ANGLAISES ET LE CONTINENT 1971

Scénario, adaptation et dialogues François Truffaut et Jean Gruault, d'après le roman de Henri-Pierre Roché, *Les Deux Anglaises et le Continent* (Gallimard). **Image** Nestor Almendros. **Son** René Levert. **Décors** Michel de Broin. **Première assistante** Suzanne Schiffman. **Scripte** Christine Pellé. **Montage** Yann Dedet. **Musique** Georges Delerue. **Production** Les Films du Carrosse, Cinétel. **Durée** 2 h 12. Avec Jean-Pierre Léaud (Claude Roc), Kika Markham (Anne), Stacey Tendeter (Muriel), Sylvia Marriott (Mrs. Brown), Marie Mansart (Claire Roc), Philippe Léotard (Diurka), François Truffaut (Le narrateur).
Claude, jeune dandy parisien, fait la connaissance d'Anne, une Anglaise qui l'invite chez elle au pays de Galles. Anne a une sœur, Muriel, à qui elle destine secrètement Claude. Amours, déceptions et souffrances s'enchaînent entre la France et l'Angleterre, entre Claude et les deux sœurs.

UNE BELLE FILLE COMME MOI 1972

Scénario, adaptation et dialogues François Truffaut et Jean-Loup Dabadie, d'après le roman d'Henry Farrell, *Such a Gorgeous Kid Like Me*. **Image** Pierre-William Glenn. **Son** René Levert. **Décors** Jean-Pierre Kohut-Svelko. **Première assistante** Suzanne Schiffman. **Scripte** Christine Pellé. **Montage** Yann Dedet. **Musique** Georges Delerue. **Production** Les Films du Carrosse, Columbia Film SA. **Durée** 1 h 38. Avec Bernadette Lafont (Camille Bliss), Claude Brasseur (Maître Murène), Charles Denner (Arthur), Guy Marchand (Sam Golden), André Dussollier (Stanislas Previne), Philippe Léotard (Clovis Bliss).
Stanislas, jeune sociologue travaillant sur les femmes criminelles, rencontre Camille, jeune beauté dévergondée, emprisonnée pour un meurtre qu'elle prétend ne pas avoir commis. Il enregistre le récit par Camille de sa vie mouvementée, semée de morts et d'accidents.

LA NUIT AMÉRICAINE 1973

Scénario et dialogues François Truffaut Jean-Louis Richard et Suzanne Schiffman. **Image** Pierre-William Glenn. **Son** René Levert. **Décors** Damien Lanfranchi. **Première assistante** Suzanne Schiffman. **Scripte** Christine Pellé. **Montage** Yann Dedet. **Musique** Georges Delerue. **Production** Les Films du Carrosse, PECF (Paris), PIC (Rome). **Durée** 1 h 55. Avec François Truffaut (Ferrand), Jacqueline Bisset (Julie Baker), Valentina Cortese (Séverine), Alexandra Stewart (Stacey), Jean-Pierre Aumont (Alexandre), Jean-Pierre Léaud (Alphonse), Jean Champion (Bertrand), Nathalie Baye (Joëlle), Dani (La scripte stagiaire), Bernard Menez (Bernard).
Aux studios de la Victorine, à Nice, Ferrand tourne un mélodrame hollywoodien. Le casting réunit Alphonse, jeune homme instable et protégé du cinéaste, Alexandre, vieille gloire sur le retour, et Julie, jeune star américaine. Intrigues amoureuses et péripéties de tournage se succèdent sur le plateau et dans les coulisses.

L'HISTOIRE D'ADÈLE H. 1975

Scénario et dialogues François Truffaut, Jean Gruault et Suzanne Schiffman. **Image** Nestor Almendros. **Son** Jean-Pierre Ruh. **Décors** Jean-Pierre Kohut-Svelko. **Première assistante** Suzanne Schiffman. **Scripte** Christine Pellé. **Montage** Yann Dedet. **Musique** Maurice Jaubert. **Production** Les Films du Carrosse, Les Productions Artistes Associés. **Durée** 1 h 36. Avec Isabelle Adjani (Adèle Hugo), Bruce Robinson (Le lieutenant Pinson), Sylvia Marriott (Mrs. Saunders), Reubin Dorey (Mr. Saunders), Joseph Blatchley (Whistler).
Adèle, fille de Victor Hugo, s'installe à Halifax sous un faux nom. Elle veut retrouver et épouser le lieutenant anglais dont elle est amoureuse. Mais l'amour n'est pas réciproque. Adèle multiplie harcèlements et mensonges et sombre dans une folie obsessionnelle.

L'ARGENT DE POCHE 1976

Scénario François Truffaut et Suzanne Schiffman. **Musique** Maurice Jaubert. **Image** Pierre-William Glenn. **Son** Michel Laurent. **Décors** Jean-Pierre Kohut-Svelko. **Première assistante** Suzanne Schiffman. **Scripte** Christine Pellé. **Montage** Yann Dedet. **Production** Les Films du Carrosse, Les Productions Artistes Associés. **Durée** 1 h 44. Avec Grégory Desmouceaux (Patrick Desmouceaux), Philippe Goldmann (Julien Leclou), Claudio et Franck Deluca (Mathieu et Franck Deluca), Richard Golfier (Richard Golfier), Laurent Devlaeminck (Laurent Riffle), Bruno Staab (Bruno Rouillard), Sébastien Marc (Oscar), Sylvie Grézel (Sylvie), Pascale Bruchon (Martine), Corinne Boucart (Corinne), Éva Truffaut (Patricia), Jean-François Stévenin (Jean-François Richet).
Fin de l'année scolaire à Thiers, petite ville du centre de la France. Petites histoires et micro-aventures parmi les enfants, sous le regard des parents et de l'instituteur.

L'HOMME QUI AIMAIT LES FEMMES 1977

Scénario et dialogues François Truffaut, Michel Fermaud et Suzanne Schiffman. **Image** Nestor Almendros. **Son** Michel Laurent. **Décors** Jean-Pierre Kohut-Svelko. **Première assistante** Suzanne Schiffman. **Scripte** Christine Pellé. **Montage** Martine Barraqué. **Musique** Maurice

Jaubert. **Production** Les Films du Carrosse, Les Productions Artistes Associés. **Durée** 1 h 58. Avec Charles Denner (Bertrand Morane), Brigitte Fossey (Geneviève Bigey), Nelly Borgeaud (Delphine Grezel), Geneviève Fontanel (La marchande de lingerie), Nathalie Baye (Martine Desdoits).
Une multitude de femmes assistent à l'enterrement de Bertrand Morane. L'une d'elles entreprend le récit de la vie du « cavaleur », obsédé par les femmes au point de consacrer sa vie à leur conquête et leur fréquentation.

LA CHAMBRE VERTE 1978

Scénario et dialogues François Truffaut et Jean Gruault, d'après Henry James. **Image** Nestor Almendros. **Son** Michel Laurent. **Décors** Jean-Pierre Kohut-Svelko. **Première assistante** Suzanne Schiffman. **Scripte** Christine Pellé. **Montage** Martine Barraqué. **Musique** Maurice Jaubert. **Production** Les Films du Carrosse, Les Productions Artistes Associés. **Durée** 1 h 34. Avec François Truffaut (Julien Davenne), Nathalie Baye (Cécilia Mandel), Jean Dasté (Bernard Humbert), Jean-Pierre Moulin (Gérard Mazet), Antoine Vitez (Le secrétaire de l'évêque), Jane Lobre (Mme Rambaud).
Julien Davenne vit dans le culte de sa femme décédée, à qui il a consacré une chambre de sa maison. Après la destruction de la « chambre verte » par un orage, il rénove une chapelle en ruines pour y célébrer la religion des morts.

L'AMOUR EN FUITE 1979

Scénario et dialogues François Truffaut, Marie-France Pisier, Jean Aurel et Suzanne Schiffman. **Image** Nestor Almendros. **Son** Michel Laurent. **Décors** Jean-Pierre Kohut-Svelko. **Première assistante** Suzanne Schiffman. **Scripte** Christine Pellé. **Montage** Martine Barraqué. **Musique** Georges Delerue. **Production** Les Films du Carrosse. **Durée** 1 h 34. Avec Jean-Pierre Léaud (Antoine Doinel), Colette (Marie-France Pisier), Claude Jade (Christine), Dani (Liliane), Dorothée (Sabine).
Antoine Doinel a la trentaine. Son mariage avec Christine s'achève par un divorce. Amoureux de Sabine, il retrouve la Colette de L'Amour à vingt ans*, évoque avec elle les souvenirs du passé – prétexte à une série de flash-back sur la vie d'Antoine.*

LE DERNIER MÉTRO 1980

Scénario François Truffaut et Suzanne Schiffman. **Dialogues** François Truffaut, Suzanne Schiffman et Jean-Claude Grumberg. **Image** Nestor Almendros. **Son** Michel Laurent. **Décors** Jean-Pierre Kohut-Svelko. **Première assistante** Suzanne Schiffman. **Scripte** Christine Pellé. **Montage** Martine Barraqué. **Musique** Georges Delerue. **Production** Les Films du Carrosse, SEDIF, TF1, SFP. **Durée** 2 h 08. Avec Catherine Deneuve (Marion Steiner), Gérard Depardieu (Bernard Granger), Jean Poiret (Jean-Loup Cottins), Heinz Bennent (Lucas Steiner), Andréa Ferréol (Arlette Guillaume), Paulette Dubost (Germaine Fabre), Sabine Haudepin (Nadine Marsac), Jean-Louis Richard (Daxiat), Maurice Risch (Raymond).
Dans Paris occupé, Marion Steiner assure la direction d'un théâtre après la fuite à l'étranger de son mari juif. En réalité, Lucas se cache dans la cave, d'où il dirige secrètement les répétitions. Bernard, jeune premier séduit par Marion, partage son temps entre le théâtre et la Résistance. La survie du théâtre dépend de la bienveillance du vichyste Daxiat, dont Marion est contrainte de s'attirer les bonnes grâces.

LA FEMME D'À CÔTÉ 1981

Scénario François Truffaut, Suzanne Schiffman et Jean Aurel. **Image** William Lubtchansky. **Son** Michel Laurent. **Décors** Jean-Pierre Kohut-Svelko. **Première assistante** Suzanne Schiffman. **Scripte** Christine Pellé. **Montage** Martine Barraqué. **Musique** Georges Delerue. **Production** Les Films du Carrosse, TF1 Films Production. **Durée** 1 h 46. Avec Gérard Depardieu (Bernard Coudray), Fanny Ardant (Mathilde Bauchard), Henri Garcin (Philippe Bauchard), Michèle Baumgartner (Arlette Coudray), Véronique Silver (Madame Jouve), Roger Van Hool (Roland Duguet).
Bernard vit heureux avec sa femme et son fils dans un hameau près de Grenoble, jusqu'à ce que Mathilde s'installe avec son mari Philippe dans la maison voisine. Sept ans auparavant, Mathilde et Bernard se sont aimés d'une passion destructrice, achevée dans la douleur. Des relations de voisinage s'installent, Bernard cherche à éviter Mathilde. Jusqu'au jour où la passion les reprend.

VIVEMENT DIMANCHE ! 1983

Scénario, adaptation et dialogues François Truffaut, Suzanne Schiffman et Jean Aurel, d'après le roman de Charles Williams, *The Long Saturday Night*. **Image** Nestor Almendros. **Son** Pierre Gamet. **Décors** Hilton Mc Connico. **Première assistante** Suzanne Schiffman. **Scripte** Christine Pellé. **Montage** Martine Barraqué. **Musique** Georges Delerue. **Production** Les Films du Carrosse, Films A2, Soprofilms. **Durée** 1 h 51. Avec Fanny Ardant (Barbara Becker), Jean-Louis Trintignant (Julien Vercel), Philippe Laudenbach (Maître Clément), Caroline Sihol (Marie-Christine Vercel), Philippe Morier-Genoud (Le commissaire Santelli), Xavier Saint-Macary (Bertrand Fabre), Jean-Pierre Kalfon (Jacques Massoulier).
Julien Vercel, directeur d'une agence immobilière, est soupçonné du double meurtre de sa femme et de son amant. Contraint de se terrer dans l'agence, il confie à sa secrétaire, Barbara, le soin de mener l'enquête qui le disculpera.

Bibliographie

Écrits de François Truffaut

Hitchcock-Truffaut, Paris, Ramsay, 1984 ; rééd. Gallimard, 1993.

Les Films de ma vie, Paris, Flammarion, coll. « Champs Contre-Champs », 1975 ; rééd. 2007 avec une nouvelle préface d'Emmanuel Burdeau. Sélection par Truffaut de ses propres écrits critiques

Le Plaisir des yeux, Paris, Cahiers du cinéma, 1987 ; rééd. Flammarion, coll. « Champs Contre-Champs », 1990. Second recueil de textes de Truffaut, réalisé après sa mort.

Correspondance, Paris, Hatier, 1988 ; rééd. Le Livre de poche, 1993. Activité essentielle pour Truffaut, sa correspondance est un témoignage exceptionnel de sa passion.

Entretiens

Le Cinéma selon François Truffaut, entretiens réunis par Anne Gillain, Paris, Flammarion, 1988. Film par film, l'analyse lucide et pédagogique de son œuvre par le cinéaste.

Ouvrages sur Truffaut et son œuvre

Jean COLLET, *François Truffaut*, Paris, Lherminier, 1985.

Carole LE BERRE, *François Truffaut*, Paris, Cahiers du cinéma, 1994. Deux bonnes monographies en langue française.

Le Roman de François Truffaut, Paris, Cahiers du cinéma, 1985. Réédition du numéro spécial des *Cahiers du cinéma* paru à la mort du cinéaste. Précieux témoignages de proches et de collaborateurs et études critiques.

Antoine DE BAECQUE, Serge TOUBIANA, *François Truffaut*, Paris, Gallimard, 1996 ; rééd. 2001. La biographie de référence.

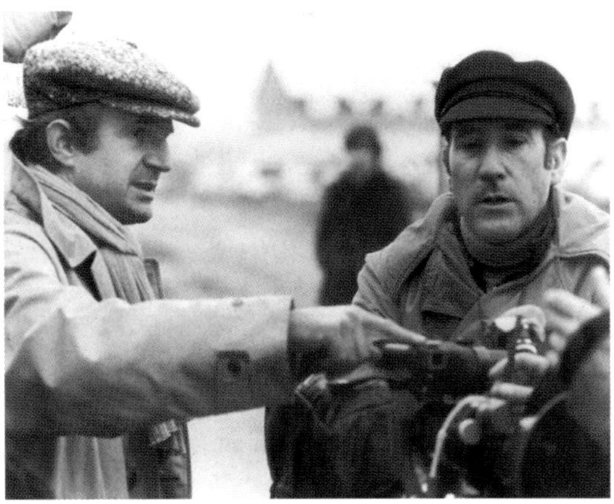

François Truffaut avec Nestor Almendros sur le tournage de *L'Homme qui aimait les femmes*, et avec Suzanne Schiffman sur celui de *Domicile conjugal* (page de droite).

Carole LE BERRE, *Truffaut au travail*, Paris, Cahiers du cinéma, 2004. Passionnante immersion dans l'atelier et les archives du cinéaste.

Articles sur Truffaut et son œuvre

Serge DANEY, « La Femme d'à côté », repris dans *Ciné journal*, vol. 1, Paris, Cahiers du cinéma, coll. « Petite bibliothèque des Cahiers du cinéma », 1998.

Cahiers du cinéma, spécial Truffaut, n° 592, juillet 2004. Série d'articles, témoignages et entretiens sur Truffaut et ses films.

Scénarios des films de Truffaut

La Nuit américaine (scénario) suivi du *Journal du tournage de Farenheit 451*, Paris, Cahiers du cinéma, coll. « Petite bibliothèque des Cahiers du cinéma », 2001.

Le Dernier Métro (scénario de Suzanne Schiffman et François Truffaut), Paris, Cahiers du cinéma, coll. « Petite bibliothèque des Cahiers du cinéma », 2001.

Les découpages des *Mistons*, *Une histoire d'eau*, *Tirez sur le pianiste*, *Jules et Jim*, *La Peau douce*, *L'Enfant sauvage*, *Les Deux Anglaises et le Continent*, *L'Histoire d'Adèle H.*, *L'Amour en fuite*, *La Chambre verte*, *Le Dernier Métro*, *La Femme d'à côté* et *Vivement dimanche !* ont été publiés par *L'Avant-Scène Cinéma*.

DVD

MK2

Les Quatre Cents Coups (avec *Les Mistons*), *Tirez sur le pianiste*, *Jules et Jim*, *La Peau douce*, *Fahrenheit 451*, *Baisers volés* (avec *Antoine et Colette*), *Domicile conjugal*, *Les Deux Anglaises et le Continent*, *La Nuit américaine*, *L'Histoire d'Adèle H.*, *L'Amour en fuite*, *Le Dernier Métro*, *La Femme d'à côté*, *Vivement dimanche !*

MGM

La mariée était en noir, *La Sirène du Mississippi*, *L'Enfant sauvage*, *Une belle fille comme moi*, *L'Argent de poche*, *L'Homme qui aimait les femmes*, *La Chambre verte*.

Une histoire d'eau est édité en complément de *Vivre sa vie* de Jean-Luc Godard par Les Films de la Pléiade.

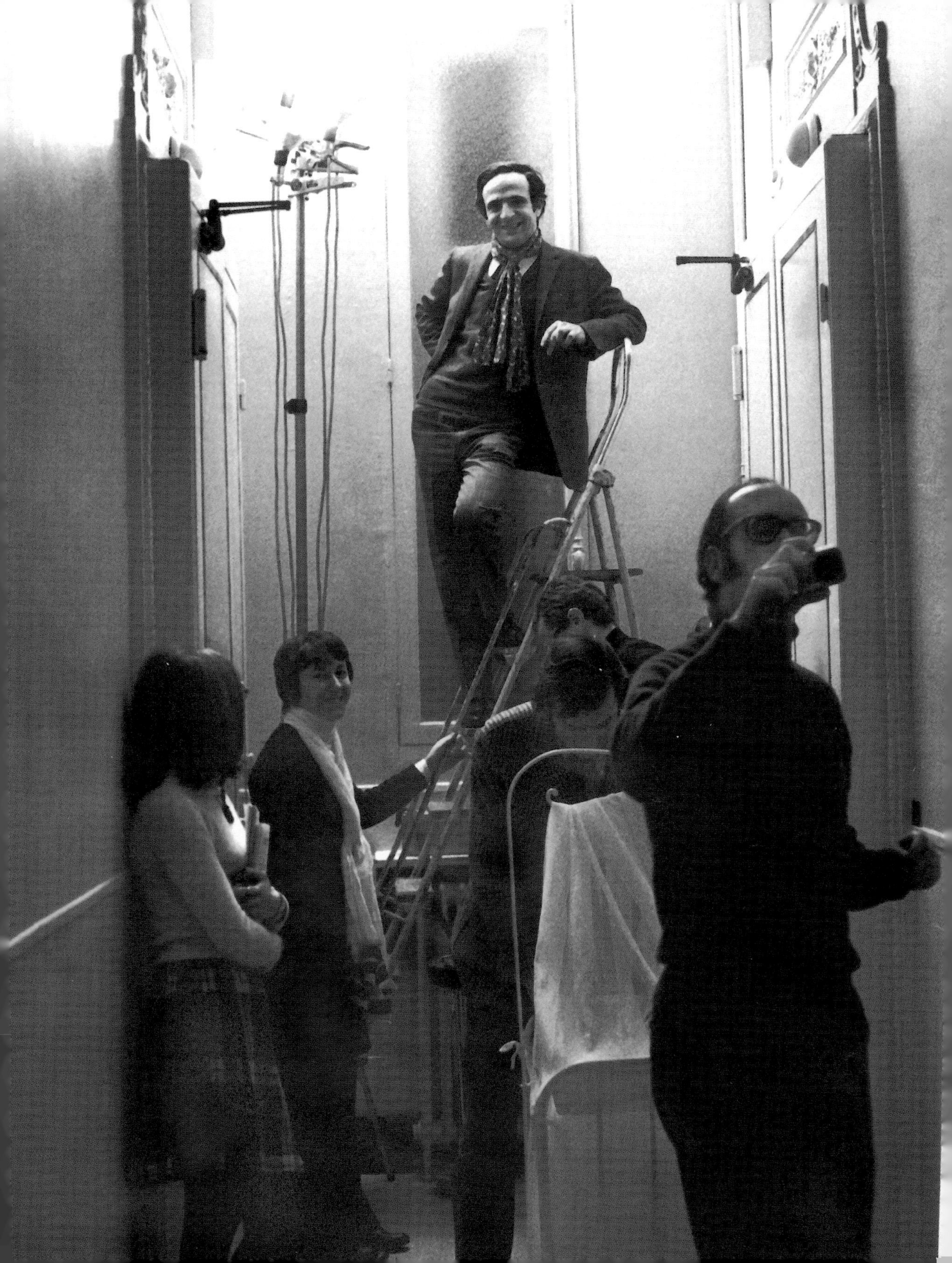

Sources iconographiques
Collection *Cahiers du cinéma* : p. 6-7, 8, 13 (bas), 15 (bas), 16, 19 (bas), 21 (bas), 22, 23, 24, 25, 26-27, 28 (bas), 29, 30, 32, 33, 34-35, 36, 37, 38 (haut), 40, 41, 43, 49 (bas), 53, 54, 55, 56, 58, 63, 70, 81, 82 (bas), 83, 84 (bas), 86, 88, 94.
Collection *Cahiers du cinéma*/Dominique Rabourdin : p. 19 (haut), 44, 69, 71, 73.
Collection Pierre Zucca : p. 95.
Archives François Truffaut à la Bibliothèque du film : p. 42, 45, 52, 65 (haut), 70 (gauche).
MK2 : p. 2, 3, 46, 50-51, 57, 62, 67, 68, 70 (droite), 74, 75, 76, 78, 79, 82 (haut), 84 (haut).

Crédits photographiques
MK2 (*Fahrenheit 451*) : p. 42, 43, 44, 49 (haut), 59, 61.
MK2/André Dino (*Les Quatre Cents Coups*) : p. 24, 25, 26-27.
MK2/Jean-Pierre Fizet (*Le Dernier Métro*) : p. 6-7, 76, 78, 79.
MK2/Robert Lachenay (*Tirez sur le pianiste*) : p. 28 (bas), 29, 30, 31.
MK2/Dominique Le Rigoleur (*L'Homme qui aimait les femmes*) : p. 70 (haut), 71, 73, 74, 75, 94.
MK2/Marilù Parolini (*La mariée était en noir*) : p. 45.
MK2/Bernard Prim (*L'Histoire d'Adèle H.)* : p. 67, 68, 69.
MK2/Léonard de Raemy (*La Sirène du Mississippi*) : p. 50-51, 52, 53.
MK2/Alain Venisse (*La Femme d'à côté*) : p. 81, 82, 83, 84, 85.
MK2/Pierre Zucca (*Les Deux Anglaises et le Continent*; *L'Enfant sauvage*; *Domicile conjugal*; *Une belle fille comme moi*) : p. 2, 54, 55, 56, 57, 58, 62, 95.
Les Films du Carrosse/MK2 : p. 15 (bas), 20, 23, 36, 38, 48 (bas droite), 72.
Janine Bazin : p. 13 (haut), 18.
Raymond Cauchetier (*Jules et Jim*; *La Peau douce*; *Baisers volés*) : p. 3, 22, 32, 33, 34-35, 37, 40, 41, 46, 49 (bas), 88.
Roger Corbeau : p. 65 (bas).
Hubert Étienne/Tous droits réservés : p. 8.
André Goeffers : p. 13 (bas).
Robert Lachenay (*Une visite*; *Les Mistons*) : p. 15 (haut), 19, 21 (haut : photogramme tiré par Jim Damour).
Couverture Gallimard (photo : Courtesy of Universal Studios Inc.) : p. 39 (haut).
Traverso : p. 48 (haut).
Gamma : p. 48 (bas gauche).
Courtesy of Columbia Pictures/EMI films (*Rencontres du troisième type*) : p. 70.
Courtesy of Warner Bros. Inc./Pierre Zucca (*La Nuit américaine*) : p. 65 (haut).
Courtesy of Warner Bros. Inc. : p. 63, 64.
Tous droits réservés : p. 16, 86.

Malgré les recherches effectuées par les *Cahiers du cinéma*, il est possible que certains ayants droits des illustrations de cet ouvrage n'aient pas pu être identifiés. Qu'ils veuillent bien accepter leurs excuses et rentrer en contact avec eux.

Photogravure : Fotimprim, Paris
Imprimerie Aubin, Ligugé
N° imprimeur : L 71294
Dépôt légal : 4e trimestre 2007
Imprimé en UE